食と
ココロの
更新記

はじめての胃もたれ

白央篤司
hakuo atsushi

太田出版

はじめての胃もたれ　食とココロの更新記

はじめに

「先輩たちの言ってたこと、本当だったんだなあ」

年をとってから、毎日のように思う。

調子にのって食べすぎる、飲みすぎると胃がもたれる。胃薬ぐらいじゃ効かなくて寝られず苦しむ、翌朝に引きずる。大好きだった◯◯が胃に重い。食べたいけれど、半量ぐらいでいいんだよな……なんて思ってしまう。「とりあえずビール」は飲みたいけれど、中ジョッキがちょっとつらい。周りにあわせて中ジョッキを頼んでしまうけれど、本当はグラスビールがうれしい……。ああ、苦笑の日々。

30代の頃は、ひとまわり上ぐらいの先輩方がもらしていたあれこれを笑って聞き流していた。気がつけば、同じようなことを自分も口にしている。「そんなもんなのかな」とスルーしていたことがすべて現実となって我が身に降りかかってくるとは！　老化は平等って、本当だったんだな。

現在私は49歳、男性。職業、フードライターでコラムニスト。食に関わる仕事をしながら、食欲や消化力が落ちるというのは〝おまんまの食い上げ〟にも繋がりかねない一大事である。

だが、くよくよしてもしょうがない。しっかりと現実を受け止めて、どう食べて過ごしていくのがベターなのか、より快適なのかを、考えていきたい。そのためには「あのね、脂っこい料理はもう消化しにくいんだよ」「一度にこんな量を入れてこられたら、こっちだってつらいよ、無理だよ」という我が内臓たちの声無き声に耳を傾けなければ、と思っている。50年近く定休日無しで働いてくれている体を自分でいたわらなくてどうする、という思いが年々強くなるばかり。

そして食に関する「老い」のことって、私は正直に周囲に伝えていきたい。先輩方はいい対処法を教えてくれることもあるし、また同年代とは「あー、分かる！」「俺もそうだよー」なんて感じで、思いを共有出来るとかなりホッとする。老いの影に曇らされた心が少し晴れて、風通しが良くなるものだ。

でも、世の中には自分の老いを言葉にすることを「恥ずかしい」「みっともない」と思ってしまう人もいるだろう。老いを嗅ぎ取られたくなくて、外食の席などで無理をしてしまうこともあるかもしれない。

私は昭和でいうと50年の生まれ、1970年代のちょうど半ばである。まだまだ昭和的な価値観が周囲に強く残っている頃に育った。昔のように食べられなくなった……なんて感じてしまうとき、心の中の自分が「泣きごとや弱音を漏らすのはみっともない」的に言ってくることもある。特に男は、と。ある種の刷り込みが確かに自分の中にもあると感じる。同時に老化や加齢への気づきと対策に関して、このへんの刷り込みは邪魔になるな、とも思うのだ。

昔のように食べられないことは、みっともないことなんかじゃない。性別など関係なく「自分」を大事にしていこう。老化は誰でも起こるもの。さっさと早いうちにセルフケアして、より良い状態をキープしていかないと時間がもったいない。人生で食事を楽しめる回数なんて、毎日減ってゆくばかりだ。しなくていい無理をして、あるいは調子に乗り過ぎて飲食して、胃もたれで週末を苦しんで過ごすようなミスは繰り返しちゃいけない。

（と書きつつ、私はまだまだ飲み過ぎることもしばしばだけれど……）

それに、つらいことばかりでもない。食における好みの変化は、若い頃には分からなかった味わいを、おいしさを、理解出来るようになるという側面もある。「昔はこんなもの、全然好きじゃなかったのに」なんてひとり食卓でつぶやいてしまうこと、ないだろうか。食べたくなくなるもの、食べにくくなるものの数と同じぐらい、新たな好物が見つかっていくという豊かな道もあるのだ。

コラムニストのジェーン・スーさんがテレビで言われていた言葉が忘れられない。「更年期とは、更新期である」と。「男が更年期？」なんて思うかもしれないが、男だって加齢と共にホルモンが減少して、心身のバランスを崩しがちになるのだ。人生、ある程度生きればいろいろ更新しなきゃいけないことは確実に生まれてくるし、そのことに性差はないと私は思っている。食生活なんて、まさにそんなフィールド。

自分の「食べること、料理して暮らしていくこと」に関するあれこれを更新して、アップデートしていく。食におけるシフトチェンジを折々で心がけて、人生の後半をなるたけ豊かで、なだらかなものにしていきたい。

体のあちこちにガタが来てるなあ、と毎日のように思う。けれど、しょうがない。私の数少ない美点は「あきらめがいいこと」だ。昔とは違うけれど、こんな自分も、こんな毎日も悪くないと思いつつ食べて、備えて、心と体をなだめながら生きている日々のことを綴ってみたい。

白央篤司

はじめての胃もたれ　食とココロの更新記　目次

第一章

いろんなところにガタが来る

第二章

手探りで向き合う

第三章

無理なく変わっていく

第四章
決めつけない方が人生は面白い

第五章

執着と無頓着

イラスト：丹下京子
デザイン：戸塚泰雄

第一章

いろんなところにガタが来る

はじめての胃もたれ

「あなたの胃は、もう昔のあなたの胃ではないのですよ」

そう気づかせてくれたのは私の場合、牛カルビだった。昼に焼肉ランチを奮発したところ夜になってもお腹が空かない。むしろなんだか、胃が張って気持ちが悪い。夕飯は控えめにして胃腸薬を飲み、さて寝るか……と思ってもムカムカして寝つけない。そんな悪い肉じゃなかったのになあ……などと思いつつ悶々としながら横になっていた、43歳の夜。

消化力には自信のあるほうだったから、最初は正直ショックだった。若い頃はグルメ雑誌のライターとして「今月はうなぎを担当してください、10軒レポートお願いします」「今月は親子丼の名店特集を任せたい」なんて依頼を毎月受けつつ、プライベートでは話題の飲食店やなじみの酒場をまわる日々。気がつけば40歳を過ぎて、昔のままの気持ちで過ごしてしまっていた。

自分が胃もたれを起こした、ということをなかなか承服出来ない。たまたま胃が疲れていたんだろう。自分じゃ気づかなかったけど、先日の取材がストレスだったんだろうか。胃薬が合わなくなったのかな、もうちょい高めのを買ってみようか……とかなんとかお茶を濁して、また似たような体験（脂っこいものを楽しんだ後に胃がもたれてしまう）を繰り返す。

「う――――ん、これじゃいかんなあ」

あるとき、意を決して考え始めた。食べることを楽しめないというのは私にとって人生最大のストレスである。もうちょっと自分の体が何を求めてるのか、どうしてほしいのかに向き合ってみよう。胃がもたれた翌日は「消化のいいものを作ろう」と思い、おじやを作ったり、野菜を細かく刻んでスープを作ったりしていた。しかし、そもそも「消化にいいもの」ってどういうものだろうか。小さい頃、お腹をくだすと親がおかゆやうどんを作ってくれていたので、そういうものだと思ってきたけれど、実際にきちんと調べたわけではない。

ツイッター（現・X）で「消化のよいものを、と言われたとき、どんなものを選んでいますか」とフォロワーさんに尋ねてみたら、287リプライをいただけた。1位は「おかゆ」で68票（白がゆ、しらすや梅干し入り、卵入りなど）、2位は「うどん」（素うどん、かきたま、あんかけ、味噌煮込み、おろし大根入りなど）で61票、3位がにゅうめん（あたたかいおつゆでいただく素麺のこと）という結果に。以下、すりおろしたりんご、温豆腐、ヨーグルト、ポタージュや玉子豆腐などが続く。

雑誌『栄養と料理』（女子栄養大学の月刊誌）に「消化のよいものってなんだろう？」という企画

を提出してみたところ運良く実現し、消化器病棟で勤務経験のある管理栄養士・髙橋徳江さんにお話をうかがうことが出来た。

「消化がいい」ということは「胃の中にある時間が短い」ということと髙橋さんは教えてくれる。うん、シンプルだ。三大栄養素の中では糖質が最も胃に留まる時間が短く、次いでたんぱく質、一番長いのが脂質とのこと。消化時間は調理法によっても変わり、ゆでる、煮るなどで加熱したものは消化されやすいとも。おかゆや素うどんが「消化にいい」というのは理に適っているんだな。

では「消化しにくいものとは？」と訊けば、油を多く使った料理（フライ、天ぷら、炒めものなど）と返ってくる。脂質の多いベーコンや牛カルビ、豚ばら肉、生クリームやバターを多く使った菓子類も消化しにくい。ああ、やっぱりカルビは代表選手だったか。ちなみに牛乳も脂質が多いので、胃が疲れているときは低脂肪乳か、無脂肪乳がいいそうだ。

また甘味や塩気の強いもの、そしてアイスクリームなどの冷たいもの、熱いものも胃粘膜を刺激するので、消化よくを心がけたいときは控えるが吉、とも教えてくださった。

おかゆに佃煮や梅干しなどを落としたくなっても、胃がよくなるまでは控えようか。うどんやおかゆも熱々じゃなく、胃がつらいときはやさしい温度で。唐辛子やわさび、こしょうなど香辛料がきいたものも胃粘膜を刺激するとのことだが、胃がつらいときはそもそも食べないか……いや、私は飲み過ぎた翌日、タイ料理のトムヤムクンや韓国料理のチゲが無性に食べたくなるときがある。韓国では二日酔いの日にチゲを食べることもあるらしいが、食べ慣れてない場合は避けておこうか。

などなど、「胃いたわり」の知識を多く得られて、現在とても役立っている
そうそう、「食事をとる時間の間隔も大事」ということをメモしておきたい。空腹の時間を長くしないことが胃の負担軽減に繋がるそう。食事を抜いてしまうと、食べた後に血糖値の乱高下を招く可能性も高まり、糖尿病リスクも上がってしまうことはわりと広く知られてきたかと思う。3食の時間を決めて食べることはいろいろな面からヘルスケアに繋がることは忘れないでいたい。
そうはいっても用事があってどうにも食事をとれないこともある。私は作る時間や買いに行く暇がとれないときのために、カロリーメイトなど手軽にすぐ食べられるものを常備して欠食しないようにしている。
朝昼晩とごはんの時間を決めることは、しっかりブレイクタイムを挟むことにも繋がり、いいものだなといまさらながらに思う。まさに五十の手習いだ。

お腹いっぱいがこわい

カルビ世代から大根おろし世代へ

脂身の多い肉を避けるようになってから、赤身肉の出番が増えた。そして肉は野菜も一緒にとると体がラクだなと学習する。我が家の定番の食べ方は、焼いた肉をたれにつけ、サニーレタス、大葉、パクチーなどのハーブ、かいわれ菜と巻いて食べるというもの。少量のキムチを一緒に巻いても実においしい。

韓国料理にポッサムやサムギョプサル（加熱した豚肉をサニーレタスなどの野菜で包んで食べるもの）というのがあるけれど、あんな感じ。また、キャベツや白菜、青菜類をゆでておいてしっかり水気をしぼったので肉を巻いて食べる、というのもよくやる。お腹いっぱいになっても野菜が多い分、胃がすぐに軽くなるのもありがたい。

そう、「お腹いっぱい」という言葉が意味することもずいぶんと変容した。30代までは「お腹いっぱい＝満足・シンプルな幸福感」だったけれど、40代後半からはどちらかというと「体が重くなる、動きにくい、胃がしんどい、消化に時間がかかりそう、ぐっすり寝られなさそう、翌朝の目覚めが悪いかもしれない」といったネガティブな展開を予感させるものに私の場合はなってきたのだ。

30代の私が聞いたら「そんなオーバーな」と薄笑いで反応するに違いないが、残念ながら現実のこと。いまは「おいしく食べる・作る」と同じぐらい「腹八分目にとどめる」ことが、爽快な生活をおくる上で重要だと感じている。

理由はシンプル、消化不良を起こすと苦しくて、他の活動が満足に出来ないから。別に私は際立って胃弱なわけでも、何か病を抱えているわけでもない。みんな、あまり大きい声では言わないけれど、同じように消化不良が怖くて量をセーブしている中高年は多いのではないだろうか?

若い頃に私は早食いの習慣をつけてしまったこともあり（バイト先やサークルが、下のものほど早く食べて仕事しろみたいなノリだった）、いまは量をおさえつつ、ゆっくり噛んで食べようと心がけている。消化不良を起こさないためには、しっかり噛むってすごく大事。だがこれが難しい！　染みついてしまったクセを直すのは並大抵じゃないな……。早食いは血糖値の乱高下にも繋がりやすいので、ダブルで用心だ。


話を戻して、野菜を巻いて食べるということ。巻かなくても、ちぎったレタス、オニオンスライス、かいわれ菜などをたっぷりと皿に敷いて、そこに焼いた肉をのせて一緒に食べるのもいい。ワンプレートで、炒めものとサラダを一緒に食べる感覚というか。豚のしょうが焼き、あるいは豚しゃぶなどもこうやって私は食べている。

生野菜類を別にサラダにすると手間もかかるし、ドレッシング分の塩分や油分、糖分も摂取することになり、さらには洗いものも増えてしまう。敷く野菜は、サラダ用のカット野菜が手軽でありがたい（最近は本当に種類が増えて、彩りなども考えられたものが出ている。スーパーマーケットでチェックしてみてほしい）。

話は飛ぶようだが、佐賀県のローカルフードに「シシリアンライス」というものがある。ごはんの上にレタスやトマトなどの生野菜をのせ、さらに炒めた牛肉をのせ、マヨネーズを少々かけて一緒にいただくというもの。

この説明だといまいち惹かれないかもだが（佐賀のシシリアンファンの方々、ごめんなさい）、意外なぐらい全体に一体感が生まれておいしくいただけるので、私はたまに真似して作る。ワンプレート完結ごはんで、洗いものが少ないのも魅力。気になる方はぜひ検索してみてほしい。地元では牛以外の肉でやることも多く、のせる野菜も様々に自由なアレンジがたくさん生まれている。

カルビを求めた年代が遠のくにつれて深まってきたのは、大根おろしへの愛だった。焼肉はもとより、ポークソテー、豚しゃぶ、から揚げ、ハンバーグ、春巻きなどもおろしポン酢、あるいはおろし醤油で食べている。おろしポン酢や醤油にたっぷりの刻みねぎや刻んだかいわれを混ぜるとさらにおいしい。

昔は居酒屋で、しらすおろしをつまみにする人を「意味分かんない」ぐらいの目で見ていた。それがいまや大好物、いや大根おろしだけでもつまみになってしまう。添えるものというより「肉や魚と同等の存在感」が私の中では確立されている。すりおろすのは結構力もいるし面倒っちゃ面倒だが、毎回嬉々としておろしてしまう。

口の中がさっぱりするし、あの辛みと苦みもいい。好きだけれどおろすのが面倒、あるいは使い切れない人は、パウチ入りの大根おろしや冷凍食品も現在は売られているので、ご興味あればチェックしてみてください。

冷たい蕎麦に大根おろし、かいわれ、細切り海苔、ごまをのせ、めんつゆをぶっかけたものなんて夏場の最高のごちそうだし、食欲のないときにもいい。流水麺（水ですすげば食べられるもの）を使えば手間もかからず作れる。ただ、たんぱく質はこの構成ではとれないので、次の食事か、翌日の食事でしっかりとるを心がけている。

栄養バランスは毎食しっかり考えられたら素晴らしいけれど、考えすぎても負担になりやすい。あまりきっちりやろうとすると、長続きしない結果にもなりがちだ（そういう方を、たくさん見てきた。真面目な方ほどそうなりやすい）。「栄養バランスは数日まとめて考える」でいいと私は思っている。

20代の頃、よく「ギャラが入ったら食べに行くぞ！」なんて思ってたカルビ。焼肉メニューの中の星だった。カルビがウェルカムな胃袋じゃなくなったことは、ちょっとさびしくもある。だが不思議と悔いはない。それなりに食べてきたし、次のおいしさもたくさん見つけられている。私は肉の味わい方を更新できたのだ。更新して開ける視界も、また良しである。

衰えを語り合える関係はいいものだ

プチ同窓会に参加してきた。場所は新橋の居酒屋、高校の同級生8人と飲み会。卒業以来だから、30年ぶりだな。なんだか気恥ずかしくてしばし黙り合い、はじめて顔を合わせたときのような静けさが妙に楽しい。来年には全員50歳だが体型が大きく変わった奴はおらず、みんな気をつけてるんだなあ……と感じ入る。

「いや、太ったよ。一時は6キロも太ったけどさすがにスーツが入らなくなってきたからスナック菓子をやめて、野菜を食べるようにしてる」

スナック菓子の代わりに、自分でぬか漬けを作ってつまみにしているらしい。ぬか漬けはあっさりしているようで、量を食べると塩分過多にもなりやすいから気をつけてなと言いそうになったが、久しぶりに会っていきなり小言もなあ……と思い、流してしまった。漬けもの類はごはんにちょっと添えるぐらいならいいけれど、つまみにするとすぐ塩分とりすぎになってしまう。などと言いつつ、私も毎日のようにキムチを食べてしまうのだが……。

「いまのところ健診で異常はないんだけど、将来を考えて血糖値対策を始めてさ。食物繊維をとるといいらしいね。炭水化物は食事の一番最後に食べるようにしている」

「あ、俺もやってる。野菜、たんぱく質、炭水化物の順に食べてるよ、数年前から」

ベジタブルファーストなんて言葉を聞いたことがあるかもしれない。まず野菜を食べ、次に肉や魚介などのたんぱく質をある程度体に入れてから、ごはんなどの炭水化物を食べるようにすると、血糖値の上がり方が急激にならず、体にやさしい食べ方になるというわけだ。今回の参加者のうち、半分の4名がやっていた。そしてやっぱりうちら世代、健康と食への関心が高まっていることを感じる。

私なりの簡単なベジタブルファーストの方法を書いておきたい。スーパーに行くと、小分けになった海藻のもずくやめかぶが3パック1セットで売られているが、これを食事のスターターによくしている。つるっと口当たりもよく、食欲の呼び水になってくれるのもいい。日本人が不足しがちな食物繊維の補給アイテムとしてもおすすめ。海藻は海の野菜、ベジタブルと考えて全然OKなのである。夏なら、ところてんを少々のポン酢で食べることも多い。ところてんは甘くして食べる人も多いだろうが、私はサラダ感覚でよく食べる。刻んだトマトとバジルを加えて、少々のオリーブオイルと塩で和えるなんて食べ方も好きだ。なかなかおいしいので、興味がわいたら試してみてほしい。

「野菜が好きになったなあ、味覚変わるよね。家族で月に1回農業体験に行ってるんだけど、採れたて野菜は最高にうまいよ」

「分かる、野菜食べたくなるよね。肉、特に脂身のあるのは食べなくなった。というか、食べられなくなった（笑）」

おおー、やっぱりみんな同じか。そしてちょっと感無量に。話を聞いているうち、高校からの帰り道で買い食いしたあれこれが思い出されてならなかったのだ。甘じょっぱいたれをたっぷりまとった肉屋さんの焼き鳥。フライドポテト、ビッグマックにモスチキン。バイト代が入ったときは「キッチン南海」のカツやしょうが焼きの盛り合わせ、あるいは「桂花ラーメン」の太肉麺。

こってりしていたなあ、どれもこれも。そして現在、目の前の卓に並ぶのは出汁巻き玉子にオクラごま和え、ささみ梅焼き、いかとねぎの酢味噌和え。

あっさり至極。こってり嗜好のあの日から数十年の月日が流れたことを如実に感じさせる品揃えである。そんなことを考えていたら心にカーペンターズが流れ出した。なんとなく、相田みつをの「にんげんだもの」という言葉も思い出されてくる。

「カツ丼とか天丼とか、食べなくなったなあ。いまでも好きっちゃ好きなんだけどね。炭水化物が重くなったね」

「今度接待で天ぷらを食べることになって、気が重いんだよ（笑）」

「分かる。俺、カレーライスが重くなっちゃったよ。市販のカレールーで作ったのを食べて胃が重く感じたとき、年だなあって悲しくなった（笑）」

悲しいねえなんて言いつつも、この手の話題は盛り上がる。衰えという名の自然現象をさらし合える関係って、いいものだな。個人差はあるけれど、老化は等しく誰にでも訪れる。そこがいい。

カレーが重くなったというK君に、ハウス食品から出ているカロリーと脂質50パーセントオフの「プライムジャワカレー」が食べやすく、コクもなかなかしっかりあるよ、と伝えたらいたく喜ばれた。そこから「脂っこいものを食べた後にはあの薬がいいぞ」だの「胸やけするときに○○を飲んだら結構効いたよ！」なんて話でさらに盛り上がり、楽しくなってグビグビ飲んで翌朝は二日酔いになるという愚かな展開になってしまったが、悔いはない。

増えるばかりのメンテ・アイテム！

いろんなところにガタが来る。

今年は目に来た。午前中から書いていると、目が疲れて夕方には見えにくくなってしまう。かすみ目、というやつだろうか。そして辞書などの細かい文字がもうつらい。小さい文字が本当に読みにくくなって、笑う。笑ってしまう。やっぱりなるものなんだな、老眼って。

昔の文庫本とか、試写状のハガキに印刷されているような小さな文字が読みにくいったらありゃしない。見た瞬間、目が「やめて」と拒否するような感じがある。ピントの調整、きかなくなってるなあ。ちょっと前に流行ったハズキルーペみたいなの、一度試してみるか。

ああ、メンテナンス・アイテムがまた増えていく。

「年とったな……」と感じるポイントも人それぞれで、聞いてみると面白い。先日、美容ライターの友人が「両方のこめかみあたりを手のひらで押さえて、ななめ上方に軽く引っ張ると昔の顔が出てくるよ」というので試してみたら、鏡の前で「わ、久しぶり！」と思わず自分に声をかけてしまった。ああ、昔の私は確かにこんな顔してたわ。ふーむ、なるほど、まぶたが垂れて頬が下がったわけか。目の下の涙袋も膨らんだなあ……順当に重力に従うわけだね。

「それで手を放すと、いまの顔になる。年とったなあと思うねえ」

なるほどねえ。まあ、しゃあない。


「どこかしら痛い、どこかしらうまく動かない」

朝起きてなぜか首だけえらい凝ってたり、右腕だけがなぜか上がりにくかったりする。左足首がうまく伸びない、どういうわけか右のふくらはぎだけ張りを感じる。腰痛の来そうないやな感じ。こういうの、増えるよね。病院に行っても特に悪いところはない。バンテリンやボルタレン、みたいな鎮痛剤のお世話になることも増えた。運動不足が原因かなと思えば、運動を欠かさない方達からも同じような声がよく聞かれる。先輩方に話すと「これから増えるぞォ、もっと」となぜかうれしそうに笑う。


「傷の治りが遅くなった」

分かるなあ、分かるよ。蚊に刺されたところや吹き出もの、なかなか赤みが消えてくれない。私なぞ、たまにペットの猫に引っかかれると傷の残りの長いこと。ドラッグストアで見つけた「傷あと改善外用薬」というのを試してみたら、ちょっと治りが早くなったような？　我が腕にはいくつもの猫傷が残っているけど、今後もしものことが猫達にあったら、この傷を見て私は切ない思いになるんだろうな。

「疲れたとき、心配なとき、いろんな形で体に出るようになった」

まさにまさに。仕事や遊びが過ぎたとき、悩みごとを抱えているときなど、私は歯ぐきの腫れることが多くなった。あと湿疹が出来るときもある。疲れや悩みごとの表れ方、昔はせいぜい胃痛ぐらいだったのにな。

まあ、しゃあない。

「自分に加齢臭を感じたときですね」

40歳になる友人よ、とうとう来たか。体のニオイって自分では気づけないことも多く、また人にも相談しにくいもの。夏の出先で人の体臭を感じてしまったときなど、さて自分は大丈夫だろうか……と心配になる。そんな不安を抱える人は多いようで、ドラッグストアには「40歳からの「体のニオイまでスッキリ」「男性用ミドル脂臭《ししゅう》対策」「長時間ケア」「男の汗と脂汚れに」なんてキャッチが踊るボディソープが近年どんどん増えている。ミドル脂臭て。わりといい値段がするけれど買ってしまう。ああ、メンテナンス・アイテムがまたひとつ……！

「粘りのある皮脂吸着泡《きゅうちゃくほう》が加齢臭原因の1つであるベタつき皮脂まで分解洗浄」なんてキャプシ

ョンを読むと、そんなすごいことがいま私の肌の上で行われているのかとも思い、体を洗ってるとき拝みたいような気持ちにもなってくる。皮脂吸着泡さん頑張ってください、頼みますよ長時間ケア。

拝みたいような気持ちといえば去年だったか、ごはんを炊こうとして鍋を取り出し、ふと止まってしまった。あれ、どうするんだっけ……。ごはん炊くんだよね。米を入れてえーと（と、2秒ちょいの間あり）、そうそう水を入れて洗って1回捨てるんだよ。

このときは怖かった。もの忘れというんじゃなく、ボケちゃったのかなと本気で思って、「どうかもっと後にしてください、お願いします」と空に向かって拝んでしまった。普段当たり前のようにやっていることが出来ず、間が空いてしまうというのはとても怖い。焦った。「何をしようとしてたか」ふと忘れてしまうのはしょっちゅうだが、「米を研ぐって、どうやるんだっけ」と思ってしまったのは、あのときが初めて。

これからの人生、同種の怖さを何度も覚えるようになるんだろう。昔、脳トレなんてのが大流行したのに納得する。ああ、私もそういうターゲット層に入ってきたのか……！　検索してみれば脳トレ、いまもいろいろあるよう。アプリ、ダウンロードしてみるかな。

ちょっと話を戻して、ドラッグストアのことをふたたび。かすみ目や疲れ目がつらいとき、ドラッグストアに行くと「修復力」「目の覚めるような爽快感」「すべての成分最大濃度配合」なんていかにもすごそうな言葉で飾られた目薬がいくつも売られていて、つい「試してみようじゃないの」なんて気持ちになってしまう。我ながらドラッグストアのいい客だなと思うが、なんだか小さく楽しいのだ。これも投資だ、と奮発して１５００円の目薬を買ってみたが、さしそこなって数滴ムダにしてしまうと小銭を落としたような思いになり、必死で目の下あたりから液体をまなこに戻そうと変な動きをして、自分の小市民さをいやというほど感じてしまう。

肝心の効果のほうは……まあ値段によるプラセボかもしれないが、効いている気がする。そういえばきょうは辞書がよく見えるな。

物価高の中、頼れるあいつ

物価高はどこまで続くのだろう。今年の春、夕飯のおかずを買いにスーパーへ行って店を一周し、思わず「安いものがないなあ……」とつぶやいてしまった。肉も野菜も魚介も調味料も酒類もレトルト食品やインスタント食品も冷凍食品も、私の中の「このぐらい」という目安値段から50～80円ぐらい上がっている。いつも買うようなものをカゴに入れてレジに並び、いざお会計になったらこれまで2千円でおさまっていたのが3千円近くになって慌てる、なんてことが続いた。うちは中高年ふたりの生活だから食材量もさほどではないが、食べ盛りのお子さんが多いご家庭など、どれだけの食費増だろう。

値段が上がっても、以前は月に2～3回特売があって、そこを狙って買うことが出来た。だが特売がなくなった。以前なら安いとき1つ250円ほどで買えたお気に入りのレトルトカレーは、340円ぐらいになって下がらない。卵は1パック240円ぐらいでも「安い」と思うようになった自分に驚く。いつも買ってるめんつゆや油は120円以上値上がりしたままだ。120円ぐらいと思う人もいるかもだが、100円以上の値上げというのはスーパーマーケットユーザーにとってはかなりのインパクトである。燃料代も光熱費も輸送費も人件費も上がっている。物価に反映されるのも仕方ないとは思うけれど……。

相変わらず特売とは銘打って何かしらやっているが、スーパー側も目玉商品を見つけてくるのが大変だろう。そして納品する業者側の薄利を思うとつらくもなる。安売りの目玉になるような値段で売って、一体どれほどのもうけが発生しているというのか。

私の場合は近所にスーパーが3つあり、ちょっと歩けばもう2つスーパーがあるので、頑張れば5つのスーパーからそのとき最安値なものを選んで節約に繋げることも出来るが、近くにスーパーがひとつしかなかったら、やりくりはかなり大変になるだろう。スーパーがいくつかあっても、数軒回るのは体力的に難しいお年寄りだって多い。近所のスーパーは年金支給日、とても混雑する。食品や調味料をまとめ買いされる姿を見て大変そうだな……と思い、同時に自分の未来の姿を見る思いにもなる。

スーパーの店員さんが、お年寄りにネット注文と配達の仕組みを説明していた。私が80代になる頃、買いもののシステムはどうなっているだろうか。最新のやり方を私は駆使出来るのか……なんて不安にもなってしまう。

料理に慣れれば慣れるほど使える食材が増えて、その日の安いもので1食をまかなえるようになる。料理のいい点のひとつだが、スーパーに「安いもの」が本当に少なくなった現在は選択肢が少なくて、参る。予算内におさめたいと思うと、さびしい量になってしまうな。ああ、たんぱく質の安定供給材料がなかなか無い……。しっかりグラム数をとりたいと思うとやりくりで頭が痛いよ。

たんぱく質自体はヨーグルトなどで補うやり方もあるが「主菜の満足感」がほしいんだ。

そんな物価高の中、やっぱり鶏むね肉の存在が際立つ。買いやすい値段が保たれていて本当にありがたい。若い頃は正直あまりおいしく思えなかったが、さっぱり味がうれしい中高年になって好物になった。

一番よく作るのは、ゆで鶏である。鶏むね肉1枚、皮を下にして小鍋に入れ、ひたるぐらいの水を加える。しょうが2スライス、ねぎの青いところ2～3本、酒少々も加え、一度沸かしてアクを取る。弱火にし、ふたをして6～7分煮て、そのまま冷めるまでおく。これを1cm幅ぐらいに切って、ディジョンマスタードを付けて食べるのが最高に好きだ。レタスやコールスローとサンドイッチにするのもおいしい。ねぎだれをかけてごはんのおかずにするのもいい。ねぎだれは刻みねぎたっぷり、おろしにんにくちょい、醤油に砂糖少々、ごま油数滴を加えてよく混ぜれば完成。

鶏むね肉のゆで汁は、塩と酒少々を加えて一度沸かせばおいしいスープになる。私は小松菜かちんげん菜の刻んだの、溶き卵を加えて汁ものにするのが好きだ。溶き卵を加えるのは、汁がしっかり沸いてから。少量ずつ鍋に加えると、にごらないできれいに仕上がる。

ゆで汁は出汁茶漬け風に使うのもよくやる。ゆでた鶏むね肉を食べやすい大きさに切って、ごはんに塩昆布、刻んだ三つ葉と一緒にのせ、熱々にしたゆで汁をかける。あれまた食べたいなんて、ツレがよく言う。

出汁茶漬けというか、お茶漬けの味も年々惹かれてしまうもののひとつだ。味だけでなく手軽さもいい。

時にはお茶漬けパーティなんて日もある。海苔、たらこ、ほぐし鮭、ちりめんじゃこ、刻んだねぎや三つ葉、おかか、梅干し、塩昆布、好みの漬けもの、くだいた煎餅、わさびなど、好みのもの数種を食卓の真ん中において、熱々の出汁や緑茶などを用意し、あれこれのせていただく。家族の多い方から「たまにこうやってちょっとラクするんです。ごはん炊いてお茶あっためればほとんど終わりだから」と教えてもらった。

お茶漬けはなかなか奥が深い。豚肉を八角と醬油で煮たのを刻んで（ルーローハンの上にのってる豚肉のような感じ）、ごはんにのっけて熱々のジャスミン茶でお茶漬けにする、なんてのはオツな味わいになる。醬油をからめたあじのたたきとおろししょうが、刻んだみょうがを冷やごはんの上にのっけて、冷たい水でお茶漬けにもするのも好きだ。あさりの佃煮をごはんにのせて、熱々の煎茶をかけてフタをして2分ぐらいおいてから食べると、あさりのうま味がごはんに広がって実にうまい。わさびがあったらぜひ添えたい。

炊飯器が一般的に普及する前は、ごはんは炊いたらおひつに移していた。もちろんおひつに「保温」機能はない。どんどん乾いて、硬くなってしまったごはんをおいしく食べるための工夫がお茶漬けだったわけだ。昔の日本映画で、遅い時間の食事というと「お茶漬けでいい？」なんて展開になりがちなのはそういうわけ。私が小さい頃、冷めてしまったごはんの活用法といえばお茶漬けか焼きめしだった。

私は昭和50年生まれ、おひつの時代はさすがに知らないが、戦後すぐに生まれた両親は台所に電化製品が到来する前の時代を知っている。家でもよくお茶漬けをやっていた。たまにどうにも懐かしく、お茶漬けが食べたくなる。

耐脂性の問題と具だくさん汁の豊かさ

アンケートその①

食生活における加齢変化について考えていると、やっぱり同世代の人々がどのように感じているのか気になってくる。ある日、長年続けている旧ツイッターから質問してみた。
「50歳前後、またはそれ以上の方で『食生活の上で変わったなと思うこと、または気をつけていること』はありますか」と投げてみたら、200件以上のコメントをいただけた。

「食事量はいままでと変わらず、むしろ減っているのにやせない」45歳
「胃が重く感じられることが増えたので、しっかり噛んで、食べ過ぎないを心がけている」48歳
「ここ数年で一度に食べられる量が以前の2／3くらいになった感じ」51歳

分かる……分かるよ……と言いながらコメントを拝読した。そして読むうち、連帯感からホッとする自分もあり。私だけじゃ、なかったんだな。やっぱり多くの人がそれなりに体の変化を感じているようだ。

友人の料理研究家からは「とにかく脂耐性《あぶらたいせい》が無くなった。霜降り肉はもう注文していない。大トロもつらい」とコメントが来る。耐性に脂をつけて、脂耐性とはうまいことを言うもんだ。

確かに、私の脂耐性もがくんと落ちた。

悩ましいのがとんかつ店である。メニューを前に毎度「ロースか、いやヒレにしとくか」とさんざん悩んでしまう。たまには揚げもの食いたいよな、と思って入店したのにロースに踏み切れない自分がもどかしい。胃もたれが怖いからヒレにしとくか……いや、そんな注文の仕方じゃヒレに失礼だ！　などとメニューの前でぐるぐると考え込んでしまい、店員さんに「決まったらお呼びくださいねー」なんて言われてしまうこともよくある。ええい、たまには脂身の甘さも味わいたいのだと、先日ロースを久しぶりに注文した。

ああ、やっぱりうまいな……。そして若い頃は「単なる添えもの」でしかなかったキャベツの千切りが「罪悪感をいささかでも減じるためのもの」に変化するとは。年齢と共に違う地平が見えてくるものだ。「ゆっくり噛んで、急いで食べない」を今回も心がけつつ。ごはんは少なめでお願いした。

「プラス100円で豚汁にできます」

この貼り紙を眺めつつまたノスタルジー。昔はよく豚汁、頼んでいたな。とんかつ＋豚汁は、いまの私には重くなってしまったのだ。帰宅して、ウーロン茶を濃いめに淹れる自分がいる。うれしいことにこのとき、胃もたれはしなかった。それだけのことだが「自分もまだまだいけるじゃないか」などと思ったりもする。

いただいたコメントの中で、特に印象的だったのがこちら。

「最近はなんでも煮るようになりました。ホッとするんです、昔は煮物好きじゃなかったのにね（笑）」58歳

肉の脂などを落とすため、あるいは脂っこい調理法を避けるために煮るのではなく、「ホッとするから」というのがいいなあ……。しみじみ来た声だった。そして私も、肉は汁ものやスープに入れて食べることがとても多くなっている。長所は3つある。脂が汁に溶けて、さっぱりといただけること。野菜も一緒にとりやすいこと。半端な量の食材をあれこれと入れて「冷蔵庫の片づけ料理」にしやすい点もいい。

料理を日常的にされる人なら、何かしら使い切れない食材が日々出てくると思う。使い切りに便利な料理もいろいろとあるのだが、肉と野菜を入れて作る汁ものの代表例として、豚汁を挙げてみたい。先ほどとんかつ屋さんで注文しなかった豚汁を例えに出すのもなんだが、食材の使い切りと「もっと料理を自由に、身近に」みたいな話を、ここでさせてほしいのだ。

豚汁はイチから作ろうと思うと「必要な材料が多く、手間もかかる料理」に思えるが、「豚肉＋あれこれ残っている野菜で作る汁」かつ「あまりものをいっぺんに消費できる料理」と思うと、あ

りがたい存在に変わる。あるいは半端な量の野菜が数種あると、私は「豚肉を買ってきて豚汁にするか」なんてよく思う。

豚汁に使う豚肉も、各種薄切り肉からシチュー用肉、なんでも構わない。唐突だが豚じゃなくて鶏肉が余っていたら鶏汁にしてもいいのだ。豚も鶏もあまっていて使い切りたいのなら、両方入れたっていい。ダブルの出汁でさらにおいしくなる。「でもそんなの変じゃない？」とか「普通やらないでしょ」と思われるかもしれないが、日常の、自分のための料理におけるラクさ自由さというのは、世の「普通」からいったん離れて、「それはそれ、うちはうち」と思ってみることから得られると私は思う。やってみて「おや、おいしい」と思えばアリだし、「やっぱり別に食べたい」と思えば、次はやらなければいい。

イタリア料理には牛、豚、鶏と香味野菜を煮て作る「ボリート・ミスト」なんて料理もあるし、ポルトガル料理には豚とあさりを煮る料理もある。どちらもとてもおいしい。外国の例を出さずとも我らが「おでん」を考えてみれば、牛すじにロールキャベツ（豚のひき肉入り）、魚のすり身揚げ、各種野菜にソーセージなどを煮た汁を味わうことだって「普通」なのだから、豚と鶏を一緒に煮るぐらい恐れず試してみてほしい、なんて思ってしまう。いや、別にわざわざ買ってきてまでやる必要はないけれども（笑）。

豚汁に話を戻すと、一緒に入れる野菜もなんだっていいのだ。にんじんやごぼう、こんにゃくが一般的だが、なければないでいい。豚と大根しかなければ「豚大根汁」として作ればいい（これはこれでかなり、うまい）。

「にんじんやごぼうを買ってこないと豚汁は作れない」と思ってしまうと、料理はどんどん面倒なものになってしまう。例えば、豚とセロリとなすで豚汁にしたっていい。長芋、にら、もやし、みょうが、とうもろこしなんかが入ったっていい。入れても構わないというか、「いつもの豚汁とは違うおいしさ」が生まれるのだ。そう考えられると料理はグッと身近に、ラクになる。

先に挙げた野菜は実際すべて豚汁に入れてみたことあるが、問題なくおいしかった。豚汁と呼ぶのに抵抗があるなら、豚肉入り野菜たっぷり汁と思えばいい。

「豚や鶏などのたんぱく質と野菜をなるたけたっぷり、手軽にとれる汁」を作れるようになることは、長い目で見て食生活の質を保つこと、体のより快適な状態をキープすることに寄与すると私は思っている。

個人の感想ではあるが、野菜をしっかりとっていると私は体調がよくなるのを感じる。旅などで数日家を空けると、どうしても野菜不足になりがちだ。帰宅していつもの食事に戻すと、尾籠《びろう》な話で恐縮だが便通もよくなって、体調が戻ってくるのを感じる。具だくさん汁はおかずにもなり、汁とごはんだけでも満足感が得られやすく、栄養バランスをよくしやすいという点もメリットだ。

豚汁に限らず料理全般に言えることだが、「こうしなくてはならない」ということがガチガチにある状態よりも、「こんなのもアリだ」と自由に思える人のほうが、日々の料理を作る上での気楽さは保ちやすく、食材を使い切れないストレスからも逃れやすい。「普通は豚汁に入れないような野菜」がもし余っていたら、今度試しに加えてみてはどうだろうか。「なんだ、わりかし何を入れても平気なもんだな」と思えるのじゃないだろうか。

味噌汁もそんな勢いで、「この具材も合うかな?」と自由に作ってみてほしい。私は最近「豚とトマトとなすの味噌汁」や「豚とキムチとちんげん菜の味噌汁」なんてのを作った。前者はさっぱりして暑い時期にとてもいい。後者はチゲ感覚でいただける。キムチの塩分があるので、味噌は控えめに。ちょっとごま油を仕上げに垂らすと香りが立ってさらにおいしい。寒い時期なら「鶏とさつまいもと卵入りの味噌汁」なんてのもおすすめだ。味噌汁で自由になれると、料理の幅はかなり広がり、使い切れない食材もグンと減る。

具だくさん汁の話をもう少し。

肉と数種の野菜があれば、ひとまず煮ておいてストックして、3日間ぐらいをアレンジして食べるというスタイルも私はよくやる。きょう食べる分だけ鍋に入れて温めなおし、味噌を溶いてごはんと合わせて1食にする。翌日はコンソメ顆粒を加えて、なんならソーセージなんかも加えて煮て、パンと食べる。翌々日はカレー粉を入れてカレーライス、あるいは鶏がらスープの素と春雨を入れて1食にする……なんて展開もできる。

2023年に行われたカゴメの調査によると「使い切れない野菜」のトップ3は上からキャベツ、白菜、大根だった。三種をまとめて刻んで、豚か鶏と一緒に水煮にしておき、味噌味、コンソメ味、カレー味など気分によって展開するの、全然アリだ。トマト水煮缶とコンソメを加えてトマトシチューにするのもいい。大根や白菜は洋風の味つけやカレーにもよく合うのをぜひ体験してみてほしい。私は大根と厚揚げと豚肉のカレーが好物でたまに作っている。また白菜はホワイトシチューと相性抜群、ソーセージやにんじんと一緒に作ってみてほしい。

「作る量を気をつけています。もうたくさん食べられないのに、いままでと同じ感覚で作ってしまい、食べ切れないことがあります」55歳

こんな声が寄せられたことを思い出す。いままでやってきた感覚のまま、手がなじんでいる勢いで作ってしまうと食べ切れない量になってしまう。まさに食の更新期という感じの声で、分かるなあ……と深く同感した。これぞまさしく、料理のベースとなる部分だけまとめて料理しておいて(肉と野菜を煮ておく)、味噌やコンソメ、カレー粉などその日の気分で味つけをしていく対応が有効じゃないだろうか。

ただ、まとめて作って食べ切るのは3日以内ぐらいを目安に。塩気を付けてないものは傷みやす

くもあるので、早めに食べ切ることも意識していきたい。まとめ煮して粗熱がとれたら容器に移してすぐ冷蔵庫へ、を習慣づけておくと食中毒の有効な対策にもなり、人生におけるリスクを下げることに繋がる。

長々と書いてしまったが、「肉などのたんぱく質+野菜あれこれ」の汁ものは日々の栄養補給に、そして食材使い切りにとても役立つし、胃にもやさしいので、私はかなり救われている……ということを述べておきたかった。

歳を重ねるごとに、家事がおっくうに、面倒になるという声もよく聞かれる。以前は副菜も作っていたが面倒であまりやらなくなった、あるいはごはんと味噌汁だけ作っておかずは買っている、なんて人も少なくない。

私も日々のごはん作りは「無理をしない」を最優先にしている。作るのが面倒なときは「作らない」という判断をすぐに下すことを心がけて、買ってくるなり、食べに行くなりする。そういうことを「手抜き」と思わない。罪悪感をおぼえてしまうと日々の料理はすぐ「つらいもの」に変わってしまうから。

以前はちゃんと出来たのに、面倒に思ってしまう自分が情けない……なんて思われる方もいる。どうかどうか、そんな生真面目に考えないでほしい。手間はかけたいときだけかけて、気が向かないときは省力する。省いた力は、いまと明日を楽しむためにとっておくでいいじゃないか、などと私は思うのだ。

さて、きょうは豚スペアリブと大根、ブロッコリーと小松菜を使い切りたい。まとめてスープにするかな。豚スペアリブに塩少々をふって下味をつけておき、その間に野菜を刻む。大根は皮をむいて大きめのひと口大に切り、ブロッコリーは小分けに。鍋に小松菜以外を入れてかぶるぐらいの水を入れ、薄めに塩味をつけ、しょうが2切れと一緒に一度沸かして、アクを取りつつ20分ほどやさしい火加減で煮る。

煮えたら味見をして、黒こしょうを挽いて仕上げ。豚と大根から出る出汁のおいしさよ……食べる直前に細かく刻んだ小松菜をたっぷり加える。小松菜は値段も安定していて、カルシウムも富む野菜。このスープ、きょうは白ごはんを加えてクッパみたいにして、いただきます。

誕生日はいまやうまいものを食う口実に　春の食卓

春風駘蕩《しゅんぷうたいとう》という言葉が好きだ。ゆるり、のんびり、泰平《たいへい》なさまのこと。この四文字を目にすると、晩春の穏やかな風が川辺をふわ――――っと抜けるような情景が心に浮かぶ。朗らかで明るい人柄を表す言葉でもある。かくありたいなと思う。

私は春に生まれた。4月16日、東京都小金井市生まれ。母によると「めずらしく桜が遅くて、桜吹雪がきれいなときだった」らしい。抱っこしてあんたにしっかり見せたんだよ、と。受験のとき妙にこれが思い出されて「私はサクラチルな生まれ……」とか不吉なことを思ったが、こんなネタもどんどん分かりにくくなる。

しかし40歳を過ぎてから、自分の誕生日を意識する気持ちがみるみる薄れていくのに驚いた。いまや3日前ぐらいに「そうか、もうすぐ誕生日か」などと気づき、またすぐ忘れて当日に「きょうじゃん」と思い出す。今年はツレに「プレゼント、何がいい」と聞かれて「何の？」と答えてしまった。子どもの頃は4月に入るだけでわくわくしたのになと思うが、この意識の薄れはそうさびしいものではない。

いまや誕生日は、おいしいものを食べる口実になった。春はおいしいものにあふれている。取材でご縁の出来た京都の八百屋さんが扱われるたけのこが実においしく、毎年注文するのが楽しみで仕方ない。ちょっと贅沢だが、誕生日だからいいのだ。下ゆでをしながら、さあ今年はどう使おうと考えるだけでわくわくする。誕生日にわくわくするような気持ちは、たけのこを待ちわびる気持ちと入れ替わったのだ。

まず今回はそら豆と軽いクリーム煮にしてみたくなった。たけのこをバターで軽くソテーしてからそら豆を加え、鶏出汁でサッと煮てから生クリーム少々を合わせ、塩ぱらり、こしょうを挽く。盛りつけてにんまり。いかにも春の野という感じの見た目がいい。白ワイン片手に味わいつつ、次の料理へ。釜揚げの桜えびと一緒にペペロンチーノ風に仕上げてみるか。にんにく、刻み唐辛子、塩、オリーブオイルでザッと炒めるだけだが、なんとも酒を呼ぶ組み合わせになった。

次はグッと軽くして、たっぷりの春キャベツと一緒にソテーして軽く焼きをつけてから、濃いめの出汁（昆布といりこ）と塩で蒸し焼きにする。これがなかなかおいしい。日本ワインの白やオレンジによく合うなあ……。

メインははっきりした味にしたく、牛肉とオイスターソース炒めにする。牛肉は軽く小麦粉をつけ、酒、醤油、オイスターソース、豆鼓の刻んだのを隠し味にして炒め合わせる。間違いの無いおいしさだ。

たけのこというのは淡く仕上げれば上品にふるまい、コクのある味つけでうま味の強いものと合わせると「負けないよ」とばかりにグンと表へ出てくるのが面白い。

ラストは実山椒と一緒に炊き込みごはん。たけのこ単体でシンプルにやるときもあれば、山椒やしょうがなどを合わせたくなるときもあり、そのときの気分による。たけのこごはん、炊飯器のふたを開けて得られるバンザイ感は何度味わってもいいものだ。去年のこのバンザイから曲がりなりにも1年ほど健康でいられたんだよな、ありがとうございます……という気持ちにおのずとなれる。

私がお願いしている京都の八百屋さんは「Gg's」さんといい、通販も可能。角谷香織さんという方が運営されている。この方のことは拙著『名前のない鍋、きょうの鍋』(光文社)でも書かせていただいた。「わらびのアク抜きは椿の葉でも出来るんですよ」なんて耳寄りな情報をいろいろ教えてくれる人でもある。

4月の中頃というと、青果売り場には小さめのいちごがたくさん並ぶ。ジャム作りにいいものだが、酸味のあるものや甘さがいまいちなものなどは、私はどんどんサラダに入れてしまう。せっかく買って味のノリがいまひとつなフルーツはさびしいものだが、サラダに転用すると塩気や油のコクをまとうことで新たなおいしさを示してくれるし、パッと見の華やかさもいい。

いちごなら、へたを取ってからオリーブオイル、塩、黒こしょうでからめてサラダに入れるほか、生ハムに包んで食べるのもおいしい。ルッコラなんか添えて出すとおつまみにとてもよく、先日の家飲みでも好評だった。

料理の楽しさもいろいろあるが、私はツレや友人たちが一杯やってごきげんになっているのをそばに感じながら、酒のつまみを作っているときが一番楽しい。こういう時間のために生きているなとよく思う。

買い出しに行って、その日のいいものを買って「さてどうするか」と考え、気分に応じて即興で作る。昔は家飲みというと出すものを前もって全部決めていたが、いまは最初の3品ぐらいを決めて下準備しておき、あとは友人たちの腹具合や表情を見つつ、その場のノリで作っている。

出すものを決めてしまうと、客人の食が進まないときに「まだこれから数品あるのに」なんて思ってしまうこともある。遅くならないうちに最後まで出そうと段取りを気にし過ぎることも。家飲みを開くときは「自分も楽しむ」が何より大事だと思い至った。気楽に過ごしてもらうには「作るほうが頑張り過ぎず、ゆるい感じでやる」がポイントと、人を招くごとに思う。

仕事関係の方を招くこともあり、以前はもっと「おいしいと思ってもらいたい、思わせたい」なんて欲目もあった。しかしなんというのか……次第に「無理したって、しゃあない」という気持ちになっていったんである。大きく見せようとすると返って小さく見えるし、どうやっても実力以上のものは出せない。じゃあ気張らずやるしかない。人間、欲はある程度持ち続けていたほうがいいが、欲の種類にもよる。自己顕示欲というのはわりといらないほうの欲なんじゃないだろうか。

なんの根拠もなく思っていることだが、人間が「こうしたい」と思って満たせる欲なんて人生で2つぐらいがせいぜいじゃなかろうか。それ以上望むと、抱えきれず満たしきれずで欲求不満になり、ロクなことがない。私は食欲がひと一倍強いのだから、ここがわりと満たされているだけで人生満足しなければという思いが年々強くなっていく。急にしおらしいことを書いているようだが正直な思いだ。

40代は飲み仲間が増えた。いまうちに来てくれる人達は、みんな食べ上手の飲み上手ばかり。彼らに共通しているのは、何か一品出したときの表情だ。かなり酔っぱらっていても「おっ、何が来たの？」「うまそう！」みたいな感じできちんと関心を持って、楽しみな眼差しを向けることを忘れない。そしてすぐ箸を伸ばしてくれる。感想を伝えてくれる。作っている側としてはこれが最もうれしい。招かれた側のマナーというのを彼らによく学んでいる。

みんなよく食べ、よく飲み、よく笑う。ああ、こういう人柄こそが春風駘蕩というものか。宴は尽きない。もう1本開けよう。

順当に飲み過ぎて、翌朝は二日酔いに。体が出汁を求める。いつ頃からか、お酒が体に残っているときは出汁を欲するようになった。いりこ数匹と出汁昆布と水を鍋に入れて、弱火でゆっくり出汁を引き出す。よーし、今朝はうどんにしよう。たけのことわかめで春うどんだ。あるいは味噌汁か。たけのこの姫皮と春キャベツと油揚げの味噌汁は、春に必ず作りたい汁のひとつなのである。

春ならふきのとうやたらの芽など、山菜の楽しみも欠かせない。草餅や桜餅のやさしい鮮やかさに目も和む。大型連休の頃になるとアスパラガスが待ち遠しい。昔は連休のほうが待ち遠しかったのになあ。年と共に待ちわびるものも変わっていく。

月日の経つ体感速度がおそろしい勢いで加速していく中、ぼんやりしていると春なんてあっという間に過ぎてしまう。「私は今年の春をまた生きたのだ」というくっきりとした実感を得たいがために、せめても旬の食材を触って、刻んで、味わいたい。春は他の季節よりもなぜか旬に貪欲になる。生まれてすぐに見たという桜の散る様が海馬の奥にいまもあって、惜しむような気持ちが人一倍かき立てられてしまうのだろうか。

第二章

手探りで向き合う

つまずいて、歩いて、お茶を淹れる

何もないところで、つまずくようになった。同世代にそんな話をすると、「あるある」という返事が多くて、ちょっとホッとする。

「加齢で筋力が落ちて足が上がらなくなるからねえ」

「だからいままでなんともなかったところで、つまずきやすくなるらしい」

「足の指を角にぶつけてしまうことも増えた。あれもイメージより足が上がってないんだろうね」

なるほどなあ。私は最近、意識的にちょっと足を上げ気味に歩くようにしている。うちの親にはよく「転んだりしないよう、くれぐれも気をつけて。骨折怖いからね。足をしっかり上げて歩くんだよ」なんて会うたび言っているが、自分だってもう他人事じゃないな。

40代半ばぐらいから、確かに筋肉が落ちやすくなった。なんというか……鎖骨の下あたりの肉が薄くなって、胸の肉が垂れ気味になってくる。鏡を見ると、ああ、こんな感じで年寄りの体になっていくんだなと実感する。

家にこもって原稿を書いていると、前かがみの体勢のまま体が固まってしまうような、ちょっとオーバーに言えば体が石化していくような感覚がある。これじゃいかんと1時間おきぐらいに肩を引き、肩甲骨を寄せて、顎を引いて姿勢を伸ばす。SNSで流れてきた「顔の前で両ひじがくっつくようにしながら、大きく両腕をまわす」というストレッチがよかった。これを外回り、内回り5回ずつやると非常に気分がすっきりとして、原稿の合間の息抜きにいい。東洋医学では「気が滞る」なんていうが、まさに体の内で停滞していた何かが巡り出すような感じ。

しかし体というのは、動かしておかないと動かなくなるものだな。朝に公園などで体操や太極拳などをやる人達の気持ちが分かるようになってしまった。股関節や足首も年々凝り固まっていくような感じがあり、芥川龍之介じゃないが「ぼんやりした不安」というか、焦りにも似た気持ちが芽生えてくる。

階段を上り下りするとき、膝に「ピキッ」とした痛みが走ることもある。立ったり座ったりが面倒に感じてしまうことすらあるのだ。何かものを落として拾うとき、おっくうだなあ……と小さく思ってしまう。この料理にはあの皿が間違いなく合うと思っても、棚の低いところに重ねて入れてあるとつい使うのを避けてしまう。

このままじゃ、まずい。「鍛えよ　さらば救われん」と神様が言っている気がする。ここで普通の人はジムにでも行ってトレーニングを始めるのだろうが、自分がジムにいるということをどうしても私はイメージできない。面倒くさいし続ける自信もない。私でも出来そうなことからゆるやかに始めていきたい。と考えてみて、昼食と夕食の後にウォーキングをすることにした。

どうしてもダラダラしてしまいがちな食後にあえての外出、血糖値の上昇をゆるやかにすることも狙いたい。ちょっと速足で30分程度の散歩をして、買い出しも兼ねる。ランニングマシーンやジョギングだってやったことはあるのだが、私は「ずっと同じところにいる」という行為がどうにも苦手なのだ（運動の話じゃないが、同じ理由からサウナも苦手で、10分程度でもじっとしているのがつらい）。周囲の景色が変わる散歩的ウォーキングなら続けられそうな気がした。


19時前後に夜ごはんを食べたら出かけて、買いものをして帰り、ちょっと汗ばんだ体を洗って、寝間着に着替えるとほどなく眠気がやってくる。片づけなどをしつつ22時ぐらいまで我慢してから就寝、朝の4時半ぐらいには目が覚める。私は朝型なのでそのまま仕事を始める……というのが、最も健康的かつ理想的な生活パターンになってきた。

40代の前半から基本的にはこんな生活リズムに落ち着いている。朝の4時台に起きて、5時前後からメールチェックや執筆にかかる。以前は「もっと寝なくては」と無駄に床の中で頑張っていたが、結局寝られないことがあまりに多く、あるときから「6時間しか寝てないけど頭もすっきりしてるし、いっそ仕事をしてしまおう」と決断。結果的に早朝の3時間、ツレが起きてくる7時頃までがいちばん原稿のはかどる時間になっている。

もちろん、こんなふうにスムーズな日ばかりじゃない。テンションが上がって夜ふかしする日もあるし、ウォーキングをサボる日もある。晩酌を楽しみ過ぎて朝ダラダラと寝ているときも多い。だが、自分なりの理想的な生活リズムを分かっておくと、一時的にそれが乱れても生活を快調に戻しやすいという良さがあるのに気づいた。

最初は22時前に眠くなる自分に加齢を感じ、いささかさびしくもあったけれど、体の欲求に素直に応じることで別のサイクルを得て、結果オーライである。自分にとっての快適で自然な就寝時間と起床時間も年齢と共に変わっていく。40代になったら、そのあたりを一度見つめ直してもいいかもしれない。

生活の基本となる時間軸のあることが、ありがたい。若いうちはそういうのにのっとることが正直、しゃらくさくも感じていたのだけれど、いまはどうにも安らぎの根っこのようなものになっている。


安らぎといえば、起きたらまずお茶を淹れるようになった。このお茶を淹れるということが、年々とても大切な生活上の行為になってきているのだ。

緑茶、ほうじ茶、玄米茶、あるいは紅茶などをその日の気分で選ぶ。缶や茶袋を開けたとき、もうその時点でいい香りがする。お湯の沸く音を聞き、蒸気を感じて、茶葉がひらくのを待つ時間が毎朝楽しい。お茶を味わうことで、一日があらためて明けてくる。寒い時期、まずお湯を沸かして部屋の湿度が上がるのを感じるなんて時間は、いいものだ。

なんというのか……「お茶を淹れる」という行為自体にとても心が和み、落ち着く。そのこと自体が持つパワーを年々感じてしまう。急須に触れて、香りを感じ、好きな茶碗を手に取って、飲む。じんわり胃が温まってくる……という一連の流れ。「さて、やりますか」とパソコンの電源を入れる気持ちにもなれる。自分好みの茶が数種、台所の棚に入っていることがとてもうれしく、安心感の補給所のようにも思える。

暑い時期なら、水出しの緑茶もいい。一保堂《いっぽどう》茶舗の「水出し玉露」が冷蔵庫に用意してあるというだけでもう幸せな気持ちになれてしまう。緑茶のうま味、甘味、かぐわしさがただ水を注ぐだけで手軽に楽しめるんだから、すごい。ティーバッグが6つ入って千円ちょっと、手みやげにもおすすめしている。

夏の朝はアイスティーを濃いめに作って、レモンをしぼったり、牛乳で割ったりして飲むことも多い。ここ数年はカロリーと脂質を考えて、低脂肪乳や無脂肪乳で作るようになった。コクのあるおいしさからは離れてしまうけど、まあ私の日常はこれでいいのだ。

夏には麦茶もいいが、コーン茶や黒豆茶、小豆茶なんてのもよく合う。特に小豆茶の爽やかでやさしい飲み心地には、この夏ハマってしまった。またジャスミン茶の香りも清涼感をもたらしてくれる。西荻窪にあるオーガニックジャスミン茶専門店「サウスアベニュー」のジャスミン茶は実に素晴らしい。私は夏季限定の、水出し専用ブレンドが夏の癒しのひとつになっている。ご興味がある方は検索してみてほしい。火鉢に呑み込まれたかのような日本の夏、ただ水だけで水分補給していては飽きも来る。いろんな飲みものを活用していきたい。

しかし日本は本当にいろいろなお茶を選べる国だ。カルディや成城石井のお茶コーナーに行くとつくづくそう思う。ルイボスティーや中国茶、各種ハーブティーを愛飲する人も多いし、チャイのようなスパイスティーも人気がある。お茶ではないが、私はたまにカルダモン2粒ぐらいに切込みを入れて、お湯に加えて香りを楽しみつつ飲んでいる。気持ちがすっきりとして、秋冬の朝になんか妙に飲みたくなる。

原稿がうまくいかないとき、何かといらいらするとき、どうにも気持ちが落ちてしまいがちなとき、お茶を淹れるようにもなった。そうすると根本の問題は解決しなくても、飲み終えてひと息つくときには「まあ、くよくよしてもしゃあない」ぐらいに思えたりする。お茶は、いいものだ。

さて食後のウォーキングは、3か月ほど続けたところで夏がやってきてしまい、災害級の暑さにより昼食後は一時的に断念した。せっかく習慣化してきたのになあ……と思っていたら、SNSに「散歩を日課にしていた父、熱中症が怖いので控えてもらってますが、運動量低下が心配です」なんて投稿が。リプライの中に「イオンモールを散歩するといい。エアコンが効いて、座れるところが多く、飽きないし、万が一のことがあっても見つけてもらいやすい」というものがあって、なるほどなあ、と。イオンモールを運動スペースとして使う、というと問題があるけれど、ひとまわりして、どこかで少しでも買いものをすれば義理は果たせるような。あの広大なスペースを歩き回ることがいい運動になっているなんてお年寄り、ひょっとしたら日本に結構いらっしゃるのかもしれない。

昼のウォーキングが出来なくなった分、何か運動を足そうと考えて、太ももの筋肉量低下を実感していたこともあり、「スクワットを1日に15回」というのを自分に課してみた。そんなの運動のうちに入るのかと笑う人もいるだろうが、いままでほぼ運動習慣のない私からしたらこれでも革命的な一念発起、分かり始めたマイレボリューションである。なんだって「やらないよりはマシ」と考えるほうが、大体のことはいい方にいくのだ。

最初は15回でも息が上がって、我ながら情けなかった。しかし2週間が過ぎたぐらいで、「あれ、苦しくなくなってきたな」と実感があり、回数を20回に増やしてみる。スクワットしてるときは、しっかり息を吸って、吐いても意識しつつ。1か月が経つ頃、もうちょい増やせると思えたので30回にして、だんだんとゆっくり重心を下げるように心がけていった。行える回数が増え、息も上がりにくくなる。進歩を感じられるのがこんなにうれしいことだとは。そしてやっぱり、少しでも体を動かしているとごはんがおいしい。時間の経過で腹が減るのとは違う食欲を久しぶりに感じられたことも、よかった。

いまは1日30回を基本にしつつ、40回とか50回やる日もある。昼ごはんの後に30回やって、夜にまた20回や30回やることもある。軽く運動することが自分の中で身近になってきたことがうれしい。

これまでの私はとにかく運動不足もいいとこで、せめてもとごみ出しの帰りに階段を使うようにしていたのだが、7階の自宅まで上がるたび笑っちゃうぐらいの息切れを感じていた。全速力で走った後みたいになっていたのが、スクワットを始めてからは息切れがほとんどしなくなって驚いた。なんだか自分がアスリートになったかのよう。思い上がりも甚だしいが、今後はもう少しずつ運動量を増やしていきたい。

やせない体

食べる量は明らかに昔より減っているのに、やせない。

以前は数日食事を少なめにして酒を抜いたら2キロぐらいは余裕ですぐ戻せたのに、体重計の数値が微動だにしない。壊れているんだろうか……違う、おのれの体のほうがボロくなってきたのだ。先輩方からさんざん聞かされてきた「年を取ると代謝が落ちてやせにくくなるぞー!」という人間の定理のひとつを、ここ数年ではっきりと実感させられている。

私は、しぶとかった。なんだか最近胃が張ってズボンが苦しいなあ、これが膨満感《ぼうまんかん》というやつだろうか。いいや、単に太ったんである。なんだか顔がむくむなあ……昨日そんなに飲んでもないのに。違う、太って顔に肉がついたんである。膨満感だむくみだと決めつけて、しぶとく「太った」「やせにくくなった」という現実に向かい合おうとしなかった。しかしある日、飲み会で知らないうちに撮られた写真に衝撃を受ける。

私に似た、体の大きな人が写っているではないか。なぜこの人は私と同じ服を着ているのだろう。3秒ぐらいそう思い込むことにして直視したくなかった。それは、私だ。私なのね。私かもしれない。いいや、俺だ。お前だ。なんだ、その腰まわりは！　首の肉は！　背脂は！　ぎゃあああああああと叫びだしたくなったが、もう認めなければならない。これは私なのだ。

腰まわりはぽこんと丸みを帯びて服がカーブを描いている。うつむいた首まわりはむっちりと太く、目は自分で思っているよりもがくりと垂れて、線のように細くなっている。

あはは、ははは、はははははは……。

私の頭の中にある自己イメージがガラガラと音を立てて崩壊した。

これが　現実の　わたし　なのか

戒めにまず、画像をプリントアウトして冷蔵庫の前に貼った。やせているほうがかっこいい、素晴らしいと思っているわけではないが、自分としてはもう少し肉を落とした状態でありたい。そして、最初の文に戻る。昔のように数日食事を少々減らしたぐらいでは頑としてやせない。しかし過激なダイエットなど体に悪いことは重々承知している。

とりあえず、ごはん茶碗をひとまわり小さなものに替えた。食について見直すときは、まず自分の食生活の再確認から。私は基本ごはん党なので、ごはん、つまりは炭水化物を減らしていこうと。しかし急にいつもの3分の2、あるいは半量などにするとストレスも溜まりやすく、リバウンドもしやすいだろう。これまでもダイエットに関する記事などは作ってきたので、情報は頭に入っている。あせらず、長期戦で体を慣らしていこう。

ちなみにごはんは日常、雑穀入りにしている。これはカロリーオフの目的よりも、食物繊維を増やしていこうという思いから。野菜はしっかりとっているつもりでも、不足しがちなのが食物繊維。食物繊維が足りなくなると、便通も悪くなりやすい。食べることを大事にするなら、出す（＝排泄）大事さもセットで考えなければ。雑穀を入れることで食感も富み、私は白米だけのときより「しっかり噛む」を意識しやすくもなった。しっかり噛むと食べる時間もゆっくりと流れて、消化にもいい。雑穀もいろいろあるが、私は胚芽押麦《はいがおしむぎ》を利用している。「はくばく」というメーカーのものだが、値段が手頃で、近所のスーパーで買えるから、というのがセレクトの理由。毎日のように使うものだから、値段と買いやすさを第一に考えている。

しかし40代後半、ちょっとやせようとすると体からの「何をするのだ〜やめろ〜食え〜食え〜！」という叫びにも似た指令がすごかった……。２日３日食事量を減らしただけでまあ、食欲が間欠泉のように湧いてくる。適正体重に近づけたいだけだよ、やせすぎになんてならないからと自分の体に声がけしてみたが、指令は止まらない。ここで食べてはすべてが台無し。お腹が空いたときは玄米フレークや、ごく薄味のクラッカーを少量ゆっくり噛んで食べ、空腹感をごまかすようにした。味気ないものを食べると食欲に火がつかなくていい。あるいはマウスウォッシュで口をゆすぐか、歯を磨くと食欲が飛んで１〜２時間は気にならなくなることも発見だった。

紆余曲折はあったが、最終的に「3食はしっかり食べる、間食は基本無し」というスタイルで、

・朝は食べたいものを食べたいだけ食べる
・昼は主食（炭水化物）を少なめに
・夜は主食をこれまでの半分量にする

というのをルーティンにしたところ、3か月半で4キロほど落とすことができた。4キロは劇的な変化ではないが、体がちょっと軽くなって気分がいい。炭水化物は生きていく上で大事な必須栄養素だから、不足しないようにするのを心がけつつカロリーダウン。

朝食は何を食べてもいい、というゆるい決まりは「救い」にもなったし、「ここでストレス解消！」とドカ食いをしたい気持ちにも私はならずに済んだ。いや、たまに朝マックとか楽しんでいたけれども（ソーセージエッグマフィンが好きなんだ……）。

味噌汁にはちょっとした工夫もした。わかめや豆腐、きのこなど柔らかい具材だけでなく、根菜類を少し大きめに切って加え、「しっかり噛んで食べる味噌汁」を心がけたのだった。れんこんやごぼう、にんじんのほか、根菜ではないがブロッコリーもいい。ねぎも輪切りにするのではなく、ななめに大ぶりに切るなんて工夫で噛む回数も増える。小松菜の茎もしゃきしゃきとしていい。ごはんを少なめにしても満足感が増した。

友人が教えてくれた「最初のひと口は必ず30回噛むといいよ」というアドバイスがなかなか効果的だったので、書き添えておきたい。この決まりは、私の体に染みついた早食いの習性を少し抑

える上でも役立ってくれた。

昼などパスタを作ることも多いのだが、いままで1食100g食べていたパスタの量を最初の1か月半は80gにして、次に70gに落とした。ダイエットするときは、パスタに限らずごはんなど主食の量を「自分がいつも大体どのくらいとっているのか」計量して、自認することから始めるといい（と、管理栄養士の友人が教えてくれた）。

私の場合、「パスタの量、マイナス20g」が最初は「さびしい量だな……」とかなりトホホな気分になったものの、玉ねぎやきのこ、ブロッコリーなどをたっぷり加えることでしのいだ。パスタに加えるきのこなら、エリンギがいいと思う。加熱しても食感がしっかり保たれて小さくなりにくく、かつ香りも豊か。満足度アップに一番役立ってくれた。ブロッコリーは市販の冷凍商品を常備している。食べたくなったとき、すぐパスタソースやスープに加えられて便利だし、最近は「チョップドブロッコリー」という小さく刻まれたものもマルハニチロから出ている（スープなどに加えたいとき、便利！）。さらにいうとニチレイフーズの「ささみブロッコリー」という冷凍食品は、その名のとおり鶏ささみとブロッコリーがセットになっているもの。たんぱく質とビタミン類を手軽にプラスできる便利なアイテムだ。私はじっくり手間をかけて料理するのも好きだが、省力したいときも日常生活ではいくらだってある。便利なものはどんどん取り込んでいきたい。

便利なものといえば、シマダヤの「健美麺 糖質カット40％本うどん」もよくお世話になっている。従来品より糖質を40パーセントカット、数分ゆがけばすぐに食べられるもの。1玉で糖質が26・6g、そして食物繊維が16・7gもとれるというのには驚いた。「日本人の食事摂取基準（2020年版）」によると、1日の目標量として「18～64歳で男性21g以上、女性18g以上」とある。女性ならこれ1食でほとんど達成量に近づくからすごい。ただ、食感はかなり柔らかめなので好みは分かれそうだけれども。

健美麺は夜ごはんによく使った。半分に切って、具だくさんのカレーうどんやけんちんうどんにして、最初に具から食べていく。昼パスタと同様、具材をたっぷりにして満足感アップを狙った。鶏ささみや鶏むね肉とたっぷりキャベツ、ぶなしめじのカレーうどんなんてのは、なかなかおいしい。脂肪分の少ない鶏ささみや鶏むね肉はパサつきやすくて苦手な人もいるだろうが、カレーやあんかけうどんの具にすると、とろみが肉を覆って食感が気になりにくい。とろみのない料理に加えるときは、手間だけれども小麦粉や片栗粉を薄くつけてから加熱すると、食感がなめらかになっていいものだ。小さなネタだが、カレーやカレーうどんに入れるきのこはえのきもかなりおすすめ。カレー味にとてもよく合う。使い切れないときなどぜひ試してみてほしい。

私は鶏むね肉だと、皮を取ってから厚めのそぎ切りにして鍋の具に使い、健美麺を入れてシメるというのもよくやっている。鍋って基本的に刻んで煮るだけで済み、野菜もたっぷりとりやすい。本当にすぐれた日本の食文化だなあ……と毎度思う。

糖質カットの麺といえば、パスタも各社からいろいろと出ている。すべてを試せてはいないのだが、昭和産業の「蒟蒻効果」というスパゲッティは名前のとおりこんにゃく芋由来成分を含むパスタで、もっちりとした食感がなかなかおいしかった。

糖質とは関係ないが、パスタといえば最近は3～4分でゆであがるもの、たんぱく質がとれるもの、寸が少し短めでフライパンでもゆでやすいものなど、消費者のニーズに応えたパスタがいろいろと出ている。つい「昔から買ってるアレ」を手にしてしまいがちだが、たまにはスーパーの棚をチェックして試してみるのもおすすめ。ワンパンパスタ（フライパンひとつで料理するパスタレシピ）が近年人気だが、確かに短めのスパゲッティはゆでやすくて便利だった！

そうそう、基本的なことだが、箸やスプーンで一度に食べる量を気持ち減らす、ということにも気をつけていた。全体量を減らしたのに、いままでと同じ感覚で食べているとあっという間に食べ終えてしまい、むなしくなりやすいから。むなしさは健康的減量の敵だ。積もり積もって、「えーい、ストレス解消も人間は必要だ！」とドカ食いを引き起こしやすい。

パスタなら、フォークのひと巻きを少なめにして、ゆっくり食べる。スプーンはひと回り小さいものを買った。昔の自分なら「こんな食べ方じゃ冷めてしまうぞ。熱いものは熱いうちに、それが作ってくれた人と食べものへの礼儀だ！」なんて言ってたろうな、と思いつつまたひと口を少なめに。体にガッシリとしがみついている脂肪に少しばかりでも降りてもらうためには仕方ないのだよ、と自分をなだめつつまた、ひと口を少なめに。

ちょっとやせてはまた戻りを繰り返しながら、なんとかマイナス4キロを保てている。もう3キロ減を目標としたいが、夏が暑すぎてビールをなかなか我慢できない……。

なすときゅうりと、非現実的もいいとこな夢

２０２４年、夏。あれ、きょうはちょっと涼しいのかな……？　いや、猛烈に暑くないだけか。38度なんて気温を経験すると、32度ぐらいでも涼しく感じられてしまう。すっかり感覚がおかしくなっている。

駅のホームで電車を待っていたら、熱風と照り返しでダメージを受けてしまいクラッときて、「あ、やばいかも」と思った瞬間が今夏二度ほどあった。冷房の効いてる一番近いところを探して、しばし休憩。しょうがないので電車を数本見送る。私は一度熱中症になったこともあり、真夏はかなり余裕をもって移動スケジュールを組んでいる。自衛するほかない。

電車が止まるなどして、「水分補給したいのに出来ない」という状態は想像するだけでおそろしい。飲料の携帯は切らさないようにもしている。「のどが乾かないうちに水分補給を」というのは理屈としては分かるのだけれど、うっかりしてしまいがちだ。合間合間で水を飲んでいるが、夜や朝に脚がむくんでだるいときもある。くそう、とり過ぎだったか。かと思うと起きてすぐ足がつることもあり、水分が足りなかったかと反省もする。

昔は足がつっても、準備運動でよくやる「アキレス腱をのばす運動」ですぐに治ったが、49歳の不健康もの書きだとそうもいかない。半日ぐらい「つり感」がふくらはぎに残ることもある。ここにもまた加齢の証《あかし》が。薬局の店頭によく貼ってある「足のつる人」に自分がなってしまうとはなあ。体に水分計メーターを取り付けられないものかと本気で思う。iPadのsiriが水分管理してくれないだろうか、とも。人間、自分の体のことすら本当によく分からない。

ふらふらと帰宅して冷たいシャワーを浴びても体の芯にまだまだ熱が残っているように思える。ああ、きゅうりとなすが食べたい。体が欲しているのを強く感じる。普段はあまり作りおきをしないのだが、今夏は「軽く塩した薄切りきゅうり」と「蒸しなす」にかなり助けられた。作りおきというか、ちょっと手を加えておいたもの。

きゅうりはごく薄い輪切りにして、少々の塩で全体を混ぜ、軽く揉む。本当にわずかな量の塩で全体がしんなりするので、何度か試してこの量を体感してほしい。きゅうり1本、軽くひとつまみで足りるはずだ。いざ料理に使うとき、塩気が強いと邪魔にもなるし、体にもよくないから。

私の中の人はふたりいる。料理好きでまめまめしく、日々ていねいな暮らしを営む白央さんと、料理はきらいじゃないが面倒くさがりで口の悪い黒央さんだ。黒央さんが白央さんに言う。
「きゅうりをごく薄い輪切りにするなんて簡単に言うけどねえ、面倒くさいよ。薄く切ったほうがそりゃおいしいけど、慣れないうちは1本やるのも大変だ」

そうなんである。ごく薄いきゅうりの輪切りひとつとっても、面倒なときは本当に面倒なものなのだ。だから「あ、いま出来るな」というときを逃さないようにしたい。一番はかどるのは、仕事で行き詰まったとき。どうにも書けないとき、きゅうり1本ゆっくり薄切りにでもするといい気分転換になる。「塩した薄切りきゅうり」が冷蔵庫にあると思うと、暑い時期は本当に安心でうれしい。料理のバリエーションも豊富に楽しめる。

まずはトーストにマヨネーズをぬって薄切りきゅうりをたっぷりのせてかぶりつこう。ひんやりとした爽快感が口にあふれるこの感じ、ああ夏の朝食大賞だ。体内にこもっていた熱がスーーッと消えていくようで、いい1日の始まりとなる。

刻んだみょうが、わかめと混ぜて酢のものは定番の使い方。甘酢でなくぽん酢醤油で手軽に和えるのもいい。しらすと和えてオリーブオイルをちょっとかけ塩ぱらりなら、一気にオードブルに。バジルやディルなんかを散らすと白ワイン無しでは無理だ。ごはんのおかずにするなら、ツナと一緒に冷奴にのせ、醤油をかけてどうぞ。キムチと焼いた豚、温泉玉子で簡単ビビンバの具としても活躍するし、炒り玉子と刻んだちくわで日常用の散らし寿司を作ってもおいしい。酢めしときゅうりのパリッとした感じがよく合うんだ。ゆがいたえびや刺身をのせればごちそうにも早変わり。

夏の簡単な1食なら冷やし茶漬けがうれしい。薄切りきゅうり×ほぐし鮭×塩昆布なんてトリオで冷やし茶漬けにすると、もうたまらない。冷やしておいた出汁なら実においしく仕上がるが、麦茶など好みの冷茶でいいし、なんなら冷水でもいい。塩昆布がきちんとうま味要員として働いてくれる。鮭じゃなく、ツナやアボカドでもよく合う。

夏は何が怖いって食欲の低下だ。冷たいお茶漬けぐらいなら食べられる、という人も多いのではないだろうか。サラサラと口に入って食べやすい。1食抜いてしまうと体力も落ちがち。食べないと気力がもたないというのは真実だなと年々思う。


蒸しなすも折々で作っては冷蔵庫に入れて、味つけもせずにつまんでいた。キンキンに冷えたなすが口の中でとろり崩れて舌やのどに寄りかかるその感覚がなんとも気持ちいい。飲み込むと体内に涼感が送り込まれていくようだった。蒸しなすはへたと先を包丁で落とし、ピーラーで3か所ぐらい皮をむいて（しまめにむく、という）、ラップで包んで2〜3分加熱。そのまま放っておいて熱が取れるのを待つ。このまま冷蔵庫に入れればいい。

冷え冷えになったところで適当な大きさに切り、たっぷりの輪切りきゅうり、おろししょうがと一緒にめんつゆに入れ、そうめんのつゆにする。疲れているときは、梅干しの叩いたのを薬味にするとなおいい。このつゆでそうめんをすすると「生き返る……！」という気持ちになれることうけあい。殺人的な暑さの夏に覚えておきたいザオリク的なレシピである。

ベジタブルファーストはどうなったんだ、と思うかもだが、前に書いたように食前につるっと1パックもずくやめかぶを食べるようにしているわけだ。めかぶ1パックぐらいでどの程度効果があるのかは分からないが、「やらないよりまし」という気持ちでいる。そうめんは夏にぴったりの食事だが食物繊維は不足しがち。めかぶなどを〝前菜〟にするのは、それなりに意味があるだろう。そうめんにたんぱく質を加えるなら、ちくわ、かにかま、温泉玉子、ハム、ツナなんかが手軽でいい。さんまのかば焼き缶詰なんてのも意外と合う。「そうめんのお供」もいろいろだ。

大のごはん&味噌汁党である私も暑さに負け、今夏は本当によく冷やし麺を食べた。中でも「豚しゃぶと生野菜のっけ冷やし麺、ピリ辛ごまつゆ」というのをハードリピートしていたんだが、ここに作り方を書いておきたい。

①豚しゃぶの用意
沸騰したお湯に少量の水を加えて弱火にし、豚しゃぶ用肉を入れて加熱する。こうすると肉が柔らかく仕上がる。肉の赤いところがなくなったらざるに上げて水気を切る。
②麺の用意（好みの麺で。私はひやむぎでよくやる）
袋の指示どおりに加熱して冷やし、水気をよーく切ってうつわに盛る。
③野菜の用意
好みの野菜（レタス、オニオンスライスなど。カット野菜でいい。ミニトマトがあるとなおいい）、輪切りきゅうり、蒸しなすなどを麺の上に散らす。
④つゆの用意

めんつゆ（3倍濃縮）と冷水を1：2程度で割って、すりごまをたっぷり加え、ラー油を好みの量混ぜたものをまんべんなくかける。ラー油は桃屋のヒット商品「辛そうで辛くない少し辛いラー油」がフライドガーリックとフライドオニオン入りで気に入っている。冷やしサラダ麺にとても合う。

ポイント：麺の水切りをしっかりと！

冷やし麺を作るときは、麺の水切りがポイントになる。そうめんでも蕎麦でもうどんでも、ぎゅっとざるに押さえつけるようにして水気をしっかり切る。やってみると「こんなに水気出るのか」と驚くと思う。意外と潰れないものなので、怖がらず力を入れてやってみてほしい。麺全体をキッチンペーパーでふき取るようにしてもいい。冷やし麺がおいしく仕上がらないときは、麺の水気が残りすぎで、つゆの薄まっていることが多い。
※ゆで立ての麺は水にさらしてもなかなか熱が逃げないので、手で触るときは気をつけて。夏の水道水のぬるさではなおさらだ。

きゅうりもなすもほとんどが水分で、「栄養に乏しいから食べる意味、あまりない」なんてことを言う人もいるのだが、私はそう思わない。夏の太陽に照らされた後、きゅうりやなすを口にすると独特の快さが広がるじゃないか。水なすにかぶりついたときの多幸感なんて格別だ。きゅうりやなすが持つ独特の青い香りがキーのように思える。このフレイバーが、夏に溜まりやすい疲労感やストレスを軽減する上で重要なはたらきがあるように思えてならないのだが、どうだろう。

青い香りを思い出していたら、スペイン料理のガスパチョが飲みたくなってきた。毎夏、もっと日本で流行らないものかと強く思う。トマトを主体としてきゅうりや玉ねぎ、ピーマン、少量のにんにくなどをミキサーにかけ、パンも入れて作る冷たいスープだ。これがね、うまいんだ。飲んだら体が小躍りして喜ぶような夏のレスキュースープなんである。

野菜はざく切りにして水適量とオリーブオイル、塩、酢少々とミキサーにかける。パンはちょっと硬くなったものでOK。野菜の分量は本当に人それぞれで、スイカを入れる人も。パンを入れるのはとろみをつけるため。酢はなんでもいいが、私はシェリービネガーを多めに入れるのが好きだ。パンを多めにしてもったりと作り、カペリーニで冷たいパスタにするなんてのもいい。私は今季、ソルダムをちょっと加えて甘めで作ってみたらなかなかおいしく仕上がった。

いきなり話は飛ぶけれど、ガスパチョといえば私には荒唐無稽な夢がある。それは夏季限定で、海辺でガスパチョとワカモレとレモンサワーだけの屋台を開きたいというものだ。そんな光景が見たいのだ。私にとっては天国にいちばん近い光景に思える。自分が海に行ってそんな屋台があったら間違いなく随喜の涙をこぼすだろう。非現実的もいいとこだが、夢なんだからそれでいい。暑いなあ……なんて思いながらヒーコラ原稿を書いているときなど、石垣島あたりでガスパチョ屋台を引いてる自分を妄想して、しばし現実逃避を楽しんでいる。

厚揚げ、みょうが、そして苦みが好きになる

しげしげと厚揚げを眺める。ずんぐりとして茶色く、地味だ。武骨な感じが漂う。昔の俳優さんたちになるが、太宰久雄《だざいひさお》、梅津栄《うめづさかえ》、東野英心《とうのえいしん》みたいな人達が思い出されてくる。派手さはないが味わい深い、まさに厚揚げだ。そんな厚揚げに頼ることが、このところ増えた。

夕飯を軽く、手軽に済ませたいときの主菜にうってつけなのである。肉は重いかな、魚介じゃ予算がな……なんてとき厚揚げに手が伸びる。いや、これじゃまるで代用品みたいで失礼だな。ここ数年で、私にとって厚揚げは肉や魚と同等の存在感になっている。そう、厚揚げが好物になって久しい。

よくやるのは、厚揚げのにんにく香るねぎだれがけ。揚げてあるとはいえあっさりしたものだから、たれにちょっとパンチをきかせたい。

小さめの長ねぎ1本、しょうがひとかけ、にんにく半かけをみじん切りにして合わせる。にんにくとしょうがは面倒ならおろしチューブでよし。醤油と酢を3：1ぐらい、みりんとごま油ちょい、

塩少々で調味する。酢はたまに黒酢に替えてやったり、紹興酒を加えたりもする。ここにかいわれ菜の細かく刻んだのを加えて混ぜると、さらにおいしい。

厚揚げをフライパンなり、オーブントースターなりでしっかり温め直して、適当な大きさに切れば準備完了。ねぎだれをかけていただこう。このねぎだれ、まとめて作っておくとなかなか重宝する。から揚げやしゅうまいにかけてもいいし、素焼きのハンバーグにもいい。蒸した魚にかけたらごちそうだ。冷蔵庫で保存して3日以内に使い切る。

面倒なら長ねぎだけ刻んでおいて、買ってきた中華ドレッシングで和え、厚揚げにのせてレモンひとしぼりなんてのもいい。「厚揚げ×ドレッシング」だとごはんのおかずにはちょっとさびしいが、長ねぎが入ることでかさが増して食感もよくなり、レモンのフレッシュな爽やかさも加わって、主菜としての満足感がグンと上がる。

厚揚げで手軽な主菜を作るなら、ひき肉と長ねぎの刻んだのを炒めて、市販の「麻婆豆腐の素」を加えてあんを作り、厚揚げにかけて食べるのもいい。手軽ではないけれど大好きなのが、厚揚げとふきの煮ものだ。小さい頃母がよく作っていたわけでもないのに、いま食べると懐かしいような気持ちで胸がいっぱいになってしまう。

油揚げに対する愛もここ数年でうなぎのぼりである。若い頃は存在すら気にならなかったものが、いまでは数少ない常備食材のひとつになって久しい。東京都豊島区にある大桃豆腐店の油揚げと出合ってからますます好きになった。たまたま評判を聞いて買ってみたところ、ふっくらして香りがよく、実においしい。豆腐とはまた違う、大豆の傑作加工品だなあ……と惚れ惚れする。大きく切って出汁と醤油、酒、みりんで野菜と煮ものにすれば最高のおかずだ。きつねうどんなんかごちそうである。軽く炙って大根おろしと醤油は定番のつまみだが、たまにはチーズとトマトソースをのせてオーブントースターにかけ、きつねピザなんかにしても楽しい。カロリーもオフ、お子さんにも喜ばれる味だと思う。

40歳を過ぎてから好きになったものって、誰しもあるんじゃないだろうか。若い頃は好きでもなかったのに、いやほとんど食べなかったのに、いつの間にか食卓への登板が増えた食材。興味が湧いて、旧ツイッターとインスタグラムでアンケートを取ってみた。206名の方が教えてくださったが、第1位はなんとみょうがで27票。2位は17票なのでぶっちぎりである。ちょっと驚いた。

確かに私も、みょうがを買うことが増えた。あの香りとほろ苦さにホッとする自分がいる。刻んでいるとき、ふと手を止めて指についた香りをかぎたくなる。細ねぎと青じそと一緒に冷奴の薬味にすると、ねぎだけのそれより晩酌時のわくわくが2段階ぐらい上がる。醤油だけでなく、ラー油をちょっとかけるとビールのアテにすごくいい。

夏の味噌汁の実にもいいし、冷や汁にはどっさり入れたい（細かいようだが、味噌汁のときは

〝具〟ではなく古風に〝実〟と書きたい）。私は白身魚のカルパッチョにもよく散らしている。細かく刻んだしょうがと一緒に散らし、塩をふってオリーブオイル適量をかけ、すだちなんかを絞れば白ワインのいいつまみになる。大きくななめ切りにして、サラダに加えるのも好きだ。豆苗、みょうが、三つ葉のトリオをフレンチドレッシングで和えるのはうちの定番、なかなかしゃれた味わいになる。ピクルスを作るときはマストメンバーだ。

生だけでなく、焼いてもおいしい。タテ半分に切ってフライパンで両面に焼きをつけ、味噌を付けて食べると日本酒のアテとして素晴らしい。味噌はみりんか酒で軽く溶いてもいいし、金山寺味噌でも。私はタイの味噌であるタオチオというものを付けて食べるのも好きで、これをつまみにして夏にシンハービールなんか飲むともうたまらない。ラタトゥイユに入れるのもいい。

小説家の水上勉さんはみょうががお好きだったようで、エッセイの中で「夏の野菜としては、勲章をやりたいような存在」と書かれている。刻んで山椒味噌に混ぜるなんて使い方は日本酒のアテに真似してみたい。

こんなに、自己を頑固に守りとおして、黙って、滋味（にがみ、香味）を一身にひきうけている野菜をしらない。

（『土を喰う日々 ―わが精進十二ヵ月―』新潮文庫版より）

みょうがの静かに香る感じが伝わってくる。俳優なら藤村志保さんのたたずまいがなんとなく思い出されてくるような。それはともかく、私は40代に入って苦味と香味をどうにも欲するようになった。みょうがはその結集体、若い頃には分からなかったおいしさである。

アンケート結果は2位が酢のもので17票、以下厚揚げ、なす、豆腐、ゴーヤーと続いていく。

先日、玉ねぎとみょうがとわかめが手元にあり、気が付いたら酢のものを作っていた。刻んだ具材に軽く塩して、酢をちょっと冷水で薄めて砂糖少々を溶かしたもので和える。塩気が足りなかったらお醤油をかければいい。きゅうりやかにかまを混ぜてもいいし、きくらげなんか加えるといきなりオツなアテになる。同年代で飲み会を開くと、なんだかんだで酢のものが一番売れたりする。

アンケートの答えの中におふたり、「ぬた」が好きになってきた、とあった。酢味噌和えのことだが、私の母はほとんど作らず大人になってから知った味である。山口県には「ちしゃなます」という郷土料理があり、これが意外なおいしさだった。ちしゃもみ、とも呼ばれる。

ちしゃ、というサニーレタスによく似た郷土野菜を酢味噌で和える素朴なものだが、味噌の塩気でほどよくかさも減り、さっぱりとしていくらでも食べられる。何よりレタスに酢味噌という組み合わせが私には新鮮だった。サニーレタスが使い切れないとき、私はたまに真似して作っている。ちりめんじゃこを一緒に和える人もおり、こうするとたんぱく質やカルシウムも一緒にとれていいものだ。山口県出身の俳人・種田山頭火は「ふるさとはちしゃもみがうまい　ふるさとにゐる」という句を残している。

ゴーヤーの苦みもこのところ体が積極的に求めてくる。薄切りにして少々の塩をふって軽く揉み、甘酢に浸けるか、おかか醤油で和える一品はうちの定番だ。水にさらして苦みを軽くする人も多いけれど、私は苦いままでいただきたい。なんなら塩で揉んだだけのもいい。苦いものを食べると、体の中のくたびれた内臓たちが喜んでいるような気になる。

ちゃんぷるーはおなじみだろうが、ベーコンと卵で塩炒めにするのもおいしい。薄切りにしたゴーヤーとベーコンを油と酒でじっくり炒めて、塩こしょうで味つけし、溶き卵を入れてザッと混ぜれば出来あがり。あるいは牛か豚とでオイスターソース炒めもよく作るし、ツナと醤油炒めにしてもいい。夏野菜たっぷりのカレーに入れたり、グリーンカレーの具にしたりするのもよくやる。使い切れないときは薄切りにして冷凍しておく。

先日、料理研究家のきじまりゅうたさんちに遊びに行ったら、輪切りのゴーヤーの揚げものが出てきて、これが実にうまかった。種もわたもそのままにして軽い衣をつけて揚げ、スイートチリソースでいただくというもの。ビールやハイボールのつまみにぴったり、極上のスナックなんである。「きじまりゅうた ゴーヤのスナック天ぷら」で検索すれば詳しいレシピが出てくるので、ご興味ある方はぜひ。

先の「40歳を過ぎて好きになったもの」アンケートの中で、「きゅうりを好きになりました。好きなものの幅が広がってきて、うれしい」というコメントをくださった方があり、いい捉え方だなあと感じ入った。加齢で変わったというより、広がりを持てたと考えたい。50代、60代になったらまた別のものが好きになっていくのだろうか。年と共に、より「広がり」を持てる人間でいたい。

―おまけ―

みょうが話のついでに、みょうがをたっぷり入れるうちの冷や汁の作り方を書き添えておきたい。ボウルにみょうが、青じそ、きゅうりの刻んだの、すりごまを好きなだけ入れる。さばの水煮缶を汁ごと加え、冷水に味噌をよく溶き、ボウルに加えて混ぜる。好みの豆腐を手で崩しながら加え、氷を入れる。

氷で薄まる分、味噌は気持ち濃いめに。本格的にやるなら味噌を炙って香ばしさを出すのもいいが、手軽に作れるこのやり方に私は落ち着いた。さばと豆腐でたんぱく質もとれる。トマト、玉ねぎ、パプリカなどが余っていたら加えてもいい。かいわれ菜を入れるのも大好きだ。そうめんやひやむぎのつけ汁にしてもおいしい。塩気が足りなければ醤油を足すのが手軽でいい。

日傘のすすめ&「男のくせに」

夏に日傘を使うようになって、もう8年ほどになる。最初は正直、心理的な抵抗があった。「男性なのに日傘……?」と周囲から思われているかなという抵抗感。実際、仕事関係の人から日傘を差しているときに「美白を気にされているんですか?」なんて冗談半分に言われたことも一度だけあったが、何しろ快適なのでやめられない。

みなさんも実感されていると思うが、ここ数年における夏の日差しのきつさと高温は異常だ。人間が安全に暮らせるレベルを超えている。冬には誰しも当たり前に防寒具を使って過ごしている。ならば〝防暑具〟だって当然のものとして、性別関係なく使っていこうじゃないか。

私は裏地が黒色の、遮光性の高い日傘を使っているが、差した瞬間から体感温度がガラッと変わる。よく言われることだが「日陰の快適さを瞬間的に作り出せる」感じで、夏の外出時には必ず携帯するようになった。まず、1日が終わったときの疲れ方がまったく違う。断然ラク。そして年々目も疲れやすくなっているのだが、まぶしさによるダメージが大幅にカットされることで、疲れ目もだいぶ改善された(私は外出時、度付きサングラスも併用している)。汗をかくことも少なくなり、服がべとつくような不快さも軽減されている。

詳しく書いておくと、モンベルというアウトドア用品メーカーの「サンブロックアンブレラ55」という日傘を使っている。表面がシルバーコーティングされていて、日差しを反射する力も強いらしい。本体重量は200gほど、長いこと持っていても重く感じない。元々トレッキング時の日除けを目的として作られているからか、強い風にもかなり丈夫で、長いこと役立ってくれている。晴雨兼用なのも、スコールの多い日本の夏にうれしいところ。


この2年ぐらいで、男の日傘はかなり増えたと実感している。30代ぐらいの方からご高齢の方、あるいは小学生なども使っているのを見かける。そうだそうだ、快適を優先してガンガン使っていこう。なんたって警報が出るほどの暑さだもの、夏の日傘は現代日本人にとって必須の防衛具といってもいいと思う。

ちなみに日傘は、遮光性および紫外線のカット度合い、頑丈さはモノによってずいぶんと違うので、あれこれ比較して検討してからの購入がおすすめ。友人の中には安さを優先した結果、遮光性が低くてあまり快適さを得られていなかったり、強風ですぐ壊れたり、なんて人もいる。

いきなり日傘の話で始めてしまったが、「男なのに○○なんて」的な考え方はときに「生きづらさ」にも繋がるな、と思うのだ。私は日傘を差した瞬間「なぜもっと早く使わなかった!」と強く、強く思った。ああ、日傘は女性のものと決めつけてこんな快適さを長いこと逃していたのか、迂闊だったな……と。別にすれ違う人にどう思われようと、激しすぎる暑さを軽減できるほうがよっぽどいい。

食に関しても「決めつけからくる生きづらさ」なんてこと、あると思うのだ。昔は甘いものが好きな男など、肩身が狭かった。「○○なんて女の食べるもの」、みたいなことを言う人はさすがに減ったというか、ほとんどいなくなったと感じる。スイーツが好きで、食べ歩いたり自分で作ったりする男性が「めずらしい」とされることもほぼ無くなってきた。各自が好きなものを好きに食べて、「好きだ」と言いやすい社会は風通しがよく、いいものだ。

では逆に、女性の「食に関する自由さ」はどうだろうか？

2022年に放送されたドラマ『作りたい女と食べたい女』（NHK制作、ゆざきさかおみ原作）の中で、忘れられないシーンがある。主人公のひとりである春日十々子《かすがととこ》が定食屋に入って、から揚げ定食を注文すると、店員は「気を利かせて」ごはんを少なめに盛るのである。

彼女は「普通に盛ってください」とごはん茶碗を店員に返す。十々子はしっかりと「普通」の量を、男性と変わらぬ量を食べたいのだ。食欲だけの話ではなく、このことは十々子が育ってきた家庭環境にも絡む話なのだが、いまは「女性にはごはんを少なめに、気を利かせて盛った」という点だけ考えてみたい。

世の中では、よくあることだと思う。店員に悪気もなかったろうし、少なめがうれしい人もたくさんいるだろう。大事なのは、決めつけないこと。女性だから少なめがいいだろう、また男性だからいっぱい食べたいだろうと、決めつけない。「でも……普通そうでしょう?」という気持ちが湧いてきたとき、その「普通ってなんだ?」と一旦立ち止まることが、とても大事なことだと私は考えている。

『作りたい女と食べたい女』の十々子は、人生で何回、いや何十回、ごはんを少なめに盛られてきたんだろう。日本社会の中で、もし私が女性に生まれて育ったとして、少なめに盛られたとき「普通に盛って」と言い返せるだろうか。そうは言いにくい空気があるのではないだろうか。あるいは同級生や職場仲間とごはんを一緒に行ったとして、私だったら言えるだろうか、とも考えてしまう。「よく食べるね」「めずらしいね、女の人で」なんて言葉をかけられることもあるんじゃないだろうか。からかわれるようなことも、あったかもしれない。もっと食べたくても、私なら黙ってしまうか、自分をごまかしてしまうかもしれない。「普通に盛ってください」と最初に言い返したその日まで、十々子はどんな思いの中で生き、どんな葛藤があったのだろう。

私の性別は男である。

よく食べるときもあるが、そのときによってごはんは少なめにしたいときも、若いうちからわりとよくあった。だが、男で若いとなると周囲は「しっかり食べさせよう」というノリになりがちなものである。それは歓待を示すことにもなり、サービスの表現ともなるから。

サークルの先輩やバイト先の店主から「もっと遠慮しないで食っていいんだぞ」とか「大盛りにしといたぞ、しっかり食っていけよ」なんてされてしまうと、気持ちはありがたいが胃のほうがついていかず、困るときもあった。また私は食が細そうなルックスからはほど遠いという悲しい現実もあり、よく食べさせられるんだこれが……。

「そんなことに文句言ったらばちが当たるぞ」と自分でも思う。善意でしてくれたことを受け入れられないというのは心から申し訳ないし、はばかられることだ。きっと十々子も店員にごはん茶碗を返すとき、「勝手に私の量を決めないでほしい」という思いと、「善意でしてくれたのに、すみません」という思いとがない交ぜだったんじゃないか、なんて思いながらドラマを見ていた。


49歳になったいま、毎日おいしく食べたいから腹八分目にして、胃に負担をかけない生活を基本にしたい――と思っているわけだが、先日とある会食時に同席者から「男のくせに小食なんて情けない」という言葉を投げられた。その方は60代で私よりずっと健啖家《けんたんか》だから、私の食べっぷりは確かに情けなく、物足りなく思えたのだろう。久しぶりに「男のくせに」と言われたな。なんだか、真新しい紙で指のいちばん柔らかいところを切られたような痛みを覚えた。

「男のくせに小食なんて」

いままで、何度言われただろうか。食に限らない。男のくせに稼ぎも少ないんじゃモテないぞ。

いい年した男のくせに結婚もしない、子供も持たない、そんなんでどうするのか……。言われるたびに、胆汁ってこんな味なんだろうかというような思いになる。

十々子も、「女のくせに大食いなんて」と誰かに言われたかもしれない。小盛りのごはんにとどまらず「女だから」ということで、「こうあるべき」を不意に押しつけられ、求められてしまう。「私はこうしたい、こうありたい」という気持ちは無視されて——。

「〇〇のくせに」という言葉の殺傷能力は、高い。

私は「男性性」について特に意識もせず生きてきたし、「男たるもの」「男として社会的にしっかりせねば」的なプライドとか自負みたいなものとはかなり縁遠いほうだと思っているが、他者から「男のくせに」と言われると、やっぱりチクりと来る。いや、グサリかな。なんなんだろうね、これ。自分でもここはよく分からない。

「個人の適量」が、どんな場においても尊重されてほしいと願っている。性別も体格も年齢も出身も何も関係なく、食べる量は人それぞれだ。一度にはたくさん食べられないけど、1日数回に分けて食べるのが快適という人もいる。若い頃と食事量が変わらない高齢の方もいる。見た目は健康そうでも、健康上の理由で量を食べられない人、食べられるものが限られる人は幼児からご高齢の方まで数多くいる。病気までいかなくとも食が細い人は多く、外食するときは周囲に合わせて、無理して食べているなんて人も、いる。

様々な人がいると頭では分かっていても、食に関しては無意識のうちに、いろいろな思い込みや決めつけを抱えてしまっていないだろうか。

いや、抱えたっていいのだ。その思いを適用するのは自分だけに留める。言わない。他者に押しつけない。「普通はこうだよね?」と決めつけない。年齢と共に自分の「普通」だって変わる。男だから、女だからという大きすぎる主語で食の「普通」を決めない、ということをあるときから大事にしなければ、と思うようになった。

「普通」が自分の中で固まりすぎてしまうと、「○○のくせに」という考えも口をついて出やすくなってしまうのではないだろうか。「○○」の中には、男や女以外にもいろんな言葉が入って、ネットを開けばあらゆるところに散らばっている。どれも、人を刺す刃のような発信に思える。

偉そうに書いているけれど、私だって昔「○○のくせに」と面と向かって口にしてしまったことが思い出せる限りでも2回ある。恥ずかしいことをした。せめて残りの人生は、「○○のくせに」という言葉は口にすまい。そういう人間でありたい。「○○のくせに」なんて言葉が発せられることは出来るかぎり少ない社会のほうが間違いなく多くの人が生きやすく、過ごしやすい社会だ。

先日、とある飲食店で「ごはんの量は選べますよ、少なめ、並、多め。どうします?」なんて聞き方をしているのを耳にした。

ああ、この聞き方いいなあ!

決めつけず、相手に選ばせる。選びやすいようにする。ごはんの量に限らず、いろんなことが、
いろんな場において、そうあってほしい。

自分の機嫌とり上手になりたい　夏の食卓

旬の野菜は体にいい、なんてよく言われる。夏野菜なら体の熱を逃がす、ほてりをとる。冬野菜なら逆に体を温めてくれる、といったように。私は同時に、旬のものは目にもやさしいと思う。

夏の朝、冷やしておいたレタスをちぎり、トマトを刻む。オイルとビネガーで和えて、とうもろこしの粒を散らしたサラダを作ると、赤と黄と緑の色に朝日が映えて、味わう前からおいしい。目が喜び、しげしげ眺めてしまう。こういう「絵」が見たかった。夏は鮮やかな色がまずごちそうだ。すいかやプラムの赤、なすの濃い紫、きゅうりやズッキーニの緑。他の季節ならちょっと派手な色々が強い光に映えて、食欲を誘ってくる。

目玉焼きを作ってパンを温め、ヨーグルトも添えてこの日の朝ごはん。理想としては、朝7時ぐらいまでに朝食を済ませたい。そうすると昼までにしっかりお腹が空いて、またおいしく食べられるから。お腹が空いていると大体のものがおいしい。以前は「1日、3食を欠かさないだけでもじゅうぶん立派！　時間を決められたら理想的だけど、仕事をしてるとそうもいかない」と考えていた。そのゆるさがラクでよかった。基本的に考えは変わってないが、年齢と共に5〜6時間ほど間隔をおかないとお腹が空きにくくなってしまったので、一応の目安として「朝7時・昼12時・夜は18時半ごろ」と食事の時間を決めている。

今朝みたいに穏やかに作って食べる日を自分の平常としたい。年々そういう思いが強くなる。

話は突然変わるようだが、スーパーに行ってふと目に留まったのが梨の名前。パッケージに「みずみずしい甘さ」と印字された上に大きく「いうこと梨」と。あはは。小さく声を出して笑ってしまった。食材や食品に関するネーミングはダジャレやオヤジギャグの宝庫である。最近だと山椒風味のスナック「バンザイ山椒」が私のお気に入りだ。酢なんて「べんりで酢」「うまいんで酢」「かけるだけで酢」などなど、売り場でたまに膝の力が抜けそうになる。オヤジギャクを言うようになったら中高年なんて昔は思っていたが、オヤジギャグで笑うようになってからが本当の中高年だなと最近思う。

この頃、人のオヤジギャグで心から笑ってしまうようになった。くだらないけど、毒にも薬にもならないけれど、罪のなさ他愛のなさが妙にいとおしい。なんなんだろう、この感覚は。昔は「けっ、くだらない」と歯牙《しが》にもかけていなかったのに。「年をとるといろいろなところがゆるんでくる」なんてよく聞くが、何かがゆるんで笑いの沸点も下がっているのだろうか。

笑いの沸点が下がるのはまあいいとして、怒りの沸点には気をつけたい。

ふとしたことでカッとしてしまい、ひとり部屋で声を荒げてしまう、なんてときが私にはあるのだ。

SNSを見ていて、「この人、評価されてるなあ……うらやましい。それにひきかえ俺は」なんて思ったり「あ、〇〇さんたち飲み会してる、誘ってほしかったな」と勝手にいじけたりして、ムカムカしては無駄に心の闇を広げてしまい、いらついてしまう。そんなとき、買いものをしていてレジで前の人が小銭をずっと出しててなかなか払い終わらないとか、コンビニの店員さんの態度が素っ気ないなんてことで腹が立ってしまう。悪いものがバーストしてくる。負のマグマ、体内充満。家に帰ってどうにも抑えられなくなり、ひとりのときに「があああもううううう！」とか「ざけんなあああ」とか叫んでしまうことが、私にはあるのだ。

叫んだところで一向にスッキリなどしない。自分でもなんてくだらない理由でいらついてるんだろうと思う。猫が驚いた目でこちらを見つめる。その目を見ているうち、次は情けない気持ちが胸の内に満ち満ちてくる。何やってんのかな、俺。人間として低すぎる。悪い感情が高ぶってからの自己嫌悪は、とても疲れる。テレビを見ていてもそうだ。ドラマに出てくるヒールたちの悪意に満ちた言葉に本気でカッとしまうことが増えた。無神経で厚かましいキャラクターに向かって罵りの言葉をぶつけてしまうときもある。ああ、瞬間湯沸かし器（この例えも相当古い……）。こんなことで疲れたくない。もっと穏やかな人で在りたい、なるたけなだらかに人生を歩んでいきたいと願っているのに、何をやっているんだろう。「キレる老人」なんて言葉を誌面やウェブで目にするたび、自分がそこに一直線のように思えて、怖い。

いらいらしてしまうときは、お腹が空いているときだったりもする。この頃また太り気味だからと昼食の炭水化物量、少なめにしすぎたのがよくなかったのかな……。今夜は普通に食べていいことにしよう。「ささくれだってる人」になってしまうぐらいなら、気持ちが悪意にのっとられてしまうぐらいなら、太ろうともしっかり食べてなるたけ機嫌よくいたい。

　きょうのパスタ量はいつもより多めに80gとした。厚切りのなすと鶏むね肉をトマトソースで煮てパスタにからめ、仕上げにゆでたいんげんと削ったチーズを散らす。なすはじっくりにんにくとオリーブオイルでソテーしてから加えてもおいしいが、こってりさせず軽く食べたいので、トマトソースにそのまま加えて煮込んで食べる。コクが減る分はチーズの風味で補えばいい。いんげんは5分ほどゆでたらざるにあげておくと、ほどよく火が通る。冷凍野菜のいんげんもよく買っている。チンすればすぐ使えるし、ミニトマトとあわせてハンバーグやチキンソテーなどのつけあわせにもいい。

　小麦に比べてかなり低糖質で、たんぱく質にも富むという黄えんどう豆のパスタ「ゼンブヌードル」を買ってみた。独特の風味があれど、トマトソース×粉チーズだとさほど気にならず、私はきらいじゃなかった。もっちりした食感もいいのだけれど、値段は小麦パスタよりも高めなのが悩ましい。食後にカルシウム補給で、低脂肪乳を1杯。

　食後のウォーキング中、ドラッグストアに寄って漢方薬コーナーを見ていたら、「いらいら」という文字が大きく印刷されたものがあり、思わず手が伸びた。「周りにあたってしまう・怒りっぽくなってきた」人向けらしい。「神経がたかぶり、怒りやすい、いらいらなどがある方」にいい、と。クラシエから出ている抑肝散加《よくかんさんか》陳皮《ちんぴ》半夏《はんげ》という漢方薬だった。

　試しに一定期間服用してみたが、結果としては効いているように思える。だが「いらいらすることは無くなった?」と聞かれれば、そんなことはない。しかし、いらいらしてしまう自分に応対しているという状態が快い。これは発見だった。感情が悪いほうに高ぶりがちなときもある自分に向かい合っている、一応の対処をしていると思うと、気持ちの上でちょっとした救いとなったのである。何もしていないよりは、安心感。効いているかは客観的判断も必要だろうが、助けられている感じがある。

40代に入ってから、体調不良のときには漢方薬に多く助けられてきた。おなじみの葛根湯だって漢方薬である。麻黄湯《まおうとう》（ちょっと寒気がして節々が痛い）、銀翹散《ぎんぎょうさん》（風邪っぽくて喉が痛む）、五《ご》苓散《れいさん》（二日酔い）などが私の常備薬である。どれも一般的なドラッグストアですぐ手に入るものばかりだ。「あ、ちょっとおかしいな」と思ったらすぐ飲んで、私的な予定はキャンセルする決断力が、病を悪化させない、仕事に穴を開けないに繋がってきたと思う（二日酔いだけは、後の祭りだが……）。

感情が不安定なときにSNSを見ない、メールチェックをしない、即レスしない、お酒を飲まない。頭ではちゃんと分かっているのだけれど、そう出来ないときがある。落語家の名人、桂枝《かつらし》雀《じゃく》さんは確か酒というのはそのときの感情を増幅させるもの。楽しいときは楽しさを、悲しいときは悲しさを、みたいなことを言われていた。まさにそのとおりで、いらいらしているときの酒は悪い気持ちを膨らますイースト菌みたいになってしまう。

本書をお買い求めの書店

本書をお買い求めになったきっかけ

本書をお読みになってのご意見・ご感想をご記入ください。

＊ご投稿いただいた感想は、宣伝・広告の目的で使用させていただくことがございます。あらかじめご了承ください。
＊太田出版公式HP（https://www.ohtabooks.com/）でもご意見を募集しております。

郵 便 は が き

お手数ですが
切手を
お貼りください

160-8571

東京都新宿区愛住町 22
第3山田ビル 4F

(株)太田出版
読者はがき係 行

お買い上げになった本のタイトル：

お名前　　性別　　年齢　　歳

ご住所 〒

お電話

e-mail

ご職業
1. 会社員　2. マスコミ関係者
3. 学生　4. 自営業
5. アルバイト　6. 公務員
7. 無職　8. その他(　　)

記入していただいた個人情報は、アンケート収集ほか、太田出版からお客様宛ての情報発信に使わせていただきます。
太田出版からの情報を希望されない方は以下にチェックを入れてください。

☐ 太田出版からの情報を希望しない。

49歳、更年期真っただ中だ。男性は40歳を過ぎるといつ更年期障害になってもおかしくないらしい。男性の場合は怒りっぽくなる人が多いとも聞く。昔の漫画に出てくる「カミナリじいさん」たちは更年期障害だったのかもしれないな。そういえば先の薬、更年期障害の人にもいいらしい。*

自分の機嫌は自分でとる、自分の機嫌とり上手になる、なんて昨今よく聞かれる。かくありたい。もっと自分の感情を手なずけられるようになりたい。

「もっと大様《おおよう》に生きる」を、50代の目標とする。

―おまけ―　とうもろこしとみょうがのごはん

夏の間に必ず作る、我が家の定番ごはん。作り方をここに書き添えておく。

米2合に対してとうもろこし1本、みょうが5本を用意する。とうもろこしは半分に折って包丁でそぐように切り、米は研いでおく。炊飯器に米を入れ、2合の目盛りより気持ち少なめの水を入れる。とうもろこしの粒と芯をのせて炊く。炊き上がったら芯を除き、細かく刻んだみょうがと一緒によく混ぜ、好みで塩少々を振っていただく。

＊　参考資料『栄養と料理』（女子栄養大学出版部）２０２４年5月号「女と男の更年期」

第三章

無理なく変わっていく

私と酒と酒場のこと、これまでのこと

酒場や食をこよなく愛された作家・山口瞳さんの著書を読み返していたら、「私の酒は飲めば飲むほどに強くなる、うまくなるという酒だから困る」というくだりがあって、心から共感してしまった。どうやら日本酒2合ぐらいでスイッチが入ってしまい、後は勢いでどんどん飲まれてしまうよう。* 私も、おんなじだ。体の声に耳を傾けて、年齢と共に飲食の仕方もシフトチェンジなんてここまでさんざん書いておきながら、お酒の飲み方はあまりシフトチェンジ出来ていない。面目ない。自分ではそう強いほうとは思わないが、1軒目で3杯ぐらいおかわりすると大体「お強いですね」なんて言われてしまう。1軒目で、という書き方からして酒飲みなのだ。そもそも世の中の人、あまりハシゴなんてしない。いつの間にか友人が酒飲みばかりになっていて、ちょっと感覚がズレているのだ。

とはいえ昔のようには飲めなくなっている。最初のビールはもう少量でいい。ここ数年で中瓶をもてあますようになり、「俺もヤキがまわったな……」なんてつぶやきたくなった。先輩達がよく言われていた「ちっちゃいビール、あります？」なんて言葉を自分も発するようになるとは。その「ちっちゃいビール」でやめときゃいいのだが、そうもいかない。グラスの中身を日本酒やワイン、焼酎に替えてだらだらと飲んでしまう。

「至福の時間とは？」と聞かれれば迷うことなく「好きな酒場でつまんで、飲んでいる時間」と答える。どこでもいいわけじゃない。ああ、ここのご店主さん、「酒場という場所」を築きたかったんだな、と感じられてくる店が好きだ。アテはピーナツや缶詰だけであれ、毎日市場で仕入れてこしらえる料理であれ、「私はこういう酒場をやりたいのだ」という気概が感じられてくるところ。そして店主の思いに共鳴する人達が働いているところ。そんな酒場で飲む酒は、実にうまい。ついついおかわりをしてしまう。

いい気持ちになったところで「きょうはこのぐらいにしておくか」と帰れたら理想だが、理想とは常に見果てぬ夢。私にとって酒場街とは遊園地のようなものなので、アトラクションひとつでは帰れない。最近ごぶさたの店に顔を出したくもなるし、知らぬ店の構えに良店の香りを感じれば素通りなぞ出来ない。気になる店に入ってみたら、まずパッと出来そうなものをとりあえず1品頼む。お通しとその料理の感じ、店内の雰囲気を味わって、自分の好みと違うなと思えばパッと出る。ここで「それも悪いよな……」とためらわない。1杯1品で長居したらそりゃ悪いが、ひとりでサクッと飲むならそれもよし。身軽に動けるのがひとり飲みの良さでもある。

そう、飲むときはほぼひとり飲みだ。誰かと飲むのがいやなわけじゃない。ただ「ここは違うな、合わないな」と思ったらとにかくパッと出たい。気に入ったらじっくり腰を据えて飲みたいし、つまみは自分の自由に選びたい、という思いが強すぎる性質《たち》なので、ひとりが気楽なのだ。

「飲み過ぎての失敗談などありませんか」と本書の編集さんから聞かれたが、アタッシュケース8箱分ぐらいあってどれからお出しすればいいか分からない。失敗談のセールスマンになったらそこそこ出世すると思う。電車で爆睡してトートバックから財布をすられたことは二度ある。この点についてはきちんとアップデートして、ジッパーやマジックテープのついたバッグにしてから盗まれたことはない。爆睡しない方向で改善を試みない自分に問題があるのは分かっている。

小物類は言うに及ばず、携帯や時計、コートなど酔った末に多くのものを無くしてきた。あるときは靴まで失くしたことがある（裸足で帰宅していた）。稼ぎも悪いのになんてバカだろうといつも思うが、「何かを失うときは何かが入ってくるとき」と固く信じることで乗り切っている。実は今年に入って最新型のiPadを無くしてしまったのだが、恥ずかしくてツレにまだ言えていない……。

乗り越してはるか彼方まで行ったことなど何度あるだろうか。ハッと起きたら終点駅、「本日の最終電車となります」というアナウンスを聞いたときのあの気持ち。絶望に腸詰めにされたような気持ちになるが、落ち込んだって仕方ない。真夜中とはいえ、こんなことでもなければ訪ねなかったであろう地域を知る機会になったのだと、自分を説得出来るようになっている。ライターという仕事柄、いろんな土地を知るのは決して無駄にならない。しかし極端な乗り越しはこの頃ほぼしなくなった。いまぐらいの酔いで乗ったら危ないというのが分かるようになって、進歩を感じる。遅い……。

酒は大好きだが、無くてもいいと思える自分でありたい。だから週のうち3~4日は休肝日として飲まないようにしている。健康意識もあり、習慣になるのが怖いのもあり。

「私にはこれが欠かせない」というものが多ければ多いほど、人の心の自由さは失われていくものだ。30代の頃、仕事がうまくいかずバイト生活を続けているとき、この考えを深めた。家賃と光熱費を稼ぐのでギリギリなのに、お酒も飲みたい、スマホの新しいのもほしい、友達や仕事仲間とのつきあいだって大事、取材もあるのだから身なりもそれなりに……なんてやってたらキリがない。「好きだけど、ほしいけど、無くたっていい」ぐらいに思える精神状態でいないと、もっと収入が減ってしまったとき、よりつらくてみじめだろうな、と。

絶対に必要なものは何かと考えてみた。「食に関することを書く、発信していく」と決めていたから、必要な資料代と取材費は第一優先にしよう。興味を持ったことは、雑誌からの依頼がなくても取材していた。大きめのギャラが入ったときは、地方に旅してローカルの食材が実際はどのように食べられているのか、見て回っていた。

料理に関する記事をもっと書きたい。いま獲得しなければいけないのは、信用だ。「この人は食に強い関心があるのだな」「この人に書かせてみたら面白い記事になりそうだ」と思ってくれる人を増やしたい。取材先でシェフや料理研究家にレシピを教えてもらうたび、家で自分でも作ってみるようにした。実際に作ってみると、やりにくいところ、難しいところがよく分かるものだ。気が付いた点を原稿に落とし込む。そして完成した料理を写真に撮り、当時話題になり始めていたツイッターに上げていった。自分の日々の料理もアップする。食べること、料理することの好きなライターがここにいます、どうか誰か見てくださいという願いを込めて。上げたからって編集者が見てくれるわけでもないが、やってみなくちゃ分からない。

折しもウェブサイトの記事ライターが多く求められていた頃で、自分で撮って書ける人材が求められていた。取材先のプロがどんな道具を使って料理を作り、どんなうつわに盛っていたかも意識してチェックし、お金を貯めては手の届くものから買いそろえていった。きれいな料理写真をアップしている人と仲良くなったときは、使われているカメラを教えてもらい、同じものを購入。企画して、書いて、撮って、自分でスタイリングまでを出来れば、予算が少ないこの時代に仕事を得やすいのではないかと考えたのだった。

また、気になる料理研究家の料理教室にも通い始める。いろんな料理家がどんな料理を得意として、どんなキャラクターなのか知っておくために。これは、企画によって適したキャスティングを編集者に提案することが出来れば、スタッフとしてより信頼してもらえるだろうという思いから。

当時男性の参加はまだ少数派で、年配の参加者さんから「奥様、お亡くしになったの……?」なんて訊かれたときは、まいった。

30代半ばから後半にかけて、こんなことを地味に続けていた。他にお金をかける余裕はほぼゼロ、おかげで「あったら楽しいけれど、無くたって平気なもの」が自分の中でどんどん明確になっていく。それはいまを生きる上で、心の強みにも、身軽さにも繋がっている。


バイト先はずっと飲食店で、ずっと酒場だった。

水に合うというのか……接客が苦にならい。むしろ得意だし、向いていると思う。店側も客側もこうしてほしいんだろうな、というのがなんとなく分かる。「〇〇料理を食べてみたい！　でもお金が無い」なら、働くのが手っ取り早かった。

学生時代、初めてのバイト先は鉄板焼きレストラン、まかないがうまそうという理由だけで応募した（実際うまかった）。時は1993年（平成5年）、まだまだ景気のいい時代で、伊勢海老やブランド牛を焼き、最後はガーリックライスなんてコースを「たまのぜいたく」として楽しむ層がいまより断然厚かったと思う。身を取り除いた伊勢海老の殻で作るアメリケーヌソースをひとなめさせてもらったときは「わあ、うまい！」と目を丸くして叫び、みんなに笑われた。でも、本当に衝撃のうまさだったのだ。この店で、世の中には食前酒や食後酒なるものがあることを知る。これらも味見させてもらえたが、当時はアルコールが強すぎておいしさなぞまるで分からず。とにかくなんでも味見させてくれる店で、シェフたちもやさしかった。漫画の『美味しんぼ』や『ザ・シェフ』

なんかで知って興味津々だった料理のことを訊くと、あれこれ教えてくれ、最高にわくわくしながら聞いていたことを思い出す。

大学生の頃、ビストロでのバイトも始める。プリフィクスが流行り出した頃で、前菜、メイン、デザートそれぞれに数点の選択肢があって、自分好みのコースを作れるスタイルは連日人気だった。パテ・ド・カンパーニュや牛ほほ肉の赤ワイン煮、クリームブリュレを1日何度運んだだろう。思い出したら、砂糖の焦げる香りがよみがえってきた。キャラメリゼという響きに感じた新しさ。カラフェでのワインサービス、ペリエやオランジーナもまだまだ目新しくて、頼む人達もうれしそうだった。

店が終わってから、シェフたちと安ワインでよく飲んだな。つまみはバゲットのはじっことパテの切れ端。ちょうど原宿にカフェでブラッスリーの「オーバカナル」がオープンして、行列が出来ていたことも思い出す。広瀬香美の曲『ロマンスの神様』がヒットしていた頃で、まちにはまだ浮かれた感じが漂っていた。

同時期、代官山のカクテル・ダイニングバーでもバイトしていた。地下にあって隠れ家的で、いかにも東京的な輝かしいものに憧れていた自分を思う。芸能人も来る店で、大物も多かった。

「トランプしたくなったの。買ってきて、いますぐ！」

当時の人気タレントが酔っぱらってゴネ出し、そばにいた私を捕まえて言う。目の迫力がすごくてたじろいでいたら、店長がすぐさまやってきて「うちは酒と食事を出す店ですので、お応えいたしかねます」と歯牙にもかけなかったの、カッコよかったな。店長は本当にきれいにカクテルを作る人だった。バーテンダーさん達は気合の入った酒好きばかり。3人いて、気が向いたときに「勉強だ。飲んでみたいもの言ってみろ」なんて言ってくれる。同じカクテルでも3人それぞれで味の雰囲気が微妙に違うのに感動した。こうも個性が出るものとは……。いや、そう出来るようになるまで、彼らが費やしたであろう時間をいまにして思う。あの一杯にはその時間の重みが入っていたのだ。

バーニャカウダを初めて体験したのもこの店。宝塚の男役さんが3人で夜中に来て、こればっかり食べていた。「お好きなんですね」とひと声かけると、フッと笑って「太れないからね」とアルトのいい声で言われた響きが忘れられない。そしてアクアヴィットというスウェーデンの強い酒を見るたび、バーテンダーUさんの笑顔を思い出す。酔って機嫌がよくなると、アクアヴィットをすいすい飲んでしまうので怖かった。ある日の帰り道、事故に遭って大怪我したが奇跡的に完全回復された。そんな目に遭ってもまた機嫌がよくなるとUさんはアクアヴィットをすいっとひと口で飲むのだった。

残念ながら店はとうにない。どうかUさん、元気でいらしてください。

20代の後半に3年ちょっと会社勤めをして、30代からフリーランスに。景気はどんどん悪くなっていき、雑誌の休刊が続いていく。編集部がドミノみたいな勢いで倒れ続けていくように感じられた。たまに仕事があっても、名もなきライターは安く買い叩かれることも少なくない。一方でバイト先には恵まれ続ける……。

長く勤めたワインダイニングには素晴らしいシェフとソムリエのご夫婦がいて、各国ワインの奥深さとタパスの面白さを存分に教えてもらった。私がもの書きを目指していることは伝えてあったので、折にふれて「食えてる？」と気にもかけてくれ、バイト後に食事にも連れていってくれ、情けが沁みた。本当に彼らにはお世話になった。この店の客単価は、下が8千円ほどで上は2万近くになることもざら。それでいてカジュアルな雰囲気なので、酔いが過ぎる人も少なくない。身なりのよい中年カップル、『婦人画報』にでも出てきそうな、絵になるふたりだな……なんて思っていると、帰る頃には酩酊して「てっめぇ、飲み過ぎなんだよっ」「んだとぉコラ」みたいな言葉づかいになるかと思えば、いかにも飲み慣れたスマートな感じのシニア男性グループが、最初はビジネストークに花を咲かせつつ、酔いが深まるにつれ大きな声で増毛剤と精力剤と「最近どこのガールズバーがいいか」という話ばかりになることもあった。いまをときめく新進人気企業の名刺で領収書をもらっていったグループが、トイレを吐瀉物だらけにして帰っていく。はじめは丁寧だった人達が、酔うにつれ小皿を頼むとき「小皿ァ」とだけ言う人に変わることもある。

酔いとはこわいものだ。そして、人は見かけによらない。品性や人間の器量って、見かけじゃ絶対に判断出来ないものだと教わった。

乏しい人ほど装う。自信のある人ほど盛らない。実の無いことはすぐ露見する。いかにもワインに詳しいようだが、無理しているのは本当にすぐ分かってしまう。一方で知識は乏しくても、ソムリエに懐事情をうまく伝えつつお任せするのが上手な人にはエレガンスを感じた。いや、実際は詳しくてもそれを出さず、ソムリエに任せていたようにも思う。悠然とはこのことか。また、よく知っている人というのは、それを振りかざさなくても、何も言わなくても伝わってくるものだということも分かった。この店では本当にいろんな酒場の人間模様を目にすることが出来て、学ぶことが多かった。

虚勢を張らない、張ってもしょうがない。無理したところで必ずバレる。いまを生きる指針のひとつである。

ただ、私は基本的に酔っぱらいがきらいじゃない。自分を見るような思いがあるのと、人前で酔っぱらうような無防備な人間を憎み切れないのである。だから長いこと客商売も続けられた。バイト時代、二度ほど飲食店オーナーからヘッドハンティングされたことがある。ひとつはかなり条件もよく、時は折しも38歳の冬頃。心は大嵐の中の救命艇ぐらい揺れに揺れた。悩んでいる間は脳内で親が泣いて「就職するのよ、ラストチャンスよー！」と叫んでいたが、こういうときに限って魅力的な連載の話が来るのである。ライターとしてせめてもうちょっと形を残したい。自分の名前で仕事を取れるようになりたい。意気地の無さでは自信のある自分の中からそんな声が聞こえてきて驚いた。

結局、話を蹴っていまに至る。


時代は変わった。

職場での飲みも減っているし、長引きすぎる不景気に加えてコロナ禍が来た。アルコールハラスメント防止意識の高まりもあって、試飲も含めてバイトに飲ませるようなこともかなり減っているだろう。もしいまの時代に生まれていたら、私はどんな道筋を通ってきただろうか。

昔話はこのぐらいにして、現在に戻ろう。50代はもうちょっときれいに飲めるように頑張っていかねば。酔いが過ぎる前に家路に着く。帰宅したらサッサと寝る。そうしたら翌日起きてすぐ仕事にかかれて効率的じゃないか。分かっちゃいるけど帰宅してからの風呂上がり、焼酎ハイボール1缶ぐらいを飲むのが楽しくてしょうがない。

先日とある飲み会で酔いが過ぎてウトウトしてしまい、ハッと目覚めたら目の前にいた30代の方に「白央さんね、みんなそこまで酔わないように気をつけながら飲んでいるんですよ」とぴしゃり言われたのは、こたえた。

＊『酒食生活』（角川春樹事務所）

隙あらば野菜を足すムーブメント

「ほぼ炭水化物」というメニューに、いつしか抵抗を覚えるようになってしまった。ざるそば、ラーメン、ペペロンチーノ。どれも大好物だが、瞬間的に「野菜を足さなければ……！」と思ってしまう。添えられた刻みねぎや海苔、少々のほうれん草などではどうにも足りなく思えて、体に対してなんとなく罪悪感なのだ。シンプルな麺ものを食べるときに感じる、あの炭水化物をぐいぐい体に入れていく感じが快感なのは分かっちゃいるのだけれど、それはたまの楽しみとして、普段は野菜を一緒に取る工夫を続けている。

そばの場合は野菜たっぷりのかき揚げもいいけれど、いまはもっと手間なく、軽く済ませたい。栃木県の鹿沼《かぬま》市に「にらそば」という名物料理がある。ゆでたにらとそばを一緒に食べるシンプルなものだが、試してみたら意外な相性の良さに唸った。うーん、強い香りで台無しになるかと思いきや、にらの甘味が勝る。うまいじゃないか。鹿沼市はにらの生産が長らく盛んなところで、こんな食べ方が生まれたらしい。

私の食べ方を書き留めておく。にらは1／3束ぐらいをサッとゆでて、粗熱が取れたらよくしぼり、6㎝幅ぐらいに切っておく。ゆでて水切りした蕎麦の上にのせ、そばつゆにつけていただく。私はちぎった海苔も一緒にのせる（これも野菜量アップの一環、海藻は海の野菜である）。生卵をつゆに入れて、溶きつつ食べるのもうまい。

かけそばなら、にら玉をゆるめに作ってのっけるのもおすすめだ。にらの香りが苦手だったら、万能ねぎでやるのもいい。三つ葉や豆苗にしてもなかなかイケる。そばはつるっと胃にどんどん入れてしまいがちだが、にらなどが加わることでしっかり嚙むようにもなるのもいい。のどごしを楽しむのはたまに名店を訪ねるとき、と分けて考えている。

沖縄料理の「そーみんちゃんぷるー」も、麺と野菜を一緒にとりたいとき作るメニューのひとつ。いわば、そうめん入りの肉野菜炒めである。炒めるうち、そうめんが絡んで食べにくくなるのが難点だと思っていたが、うちのツレがこのちゃんぷるー作りの達人で、コツを教えてくれた。

好みの野菜（にらや青菜、玉ねぎなど）となんらかのたんぱく質（豚や好みのひき肉、ツナやソーセージなどでも）を炒めておく。硬めにゆでて水切りをしたそうめんを塩で和えておき、炒めた肉野菜とサッと炒め和えれば完成だ。味つけはそうめんにする塩のみ、顆粒出汁や酒も醤油もいらない。肉野菜と合わせるときは炒めるというより、本当に瞬間的に和えるぐらいの感じでいい。これだけで、驚きのうまさなのだった。サッと仕上げるのがおいしさのコツなので、作り慣れるまでに数回はかかるだろうが、覚えて損はないメニューだと思う。使う油も少ないのでローカロリーに仕上がるし、さっぱりシンプルな味が体にうれしい。

ちなみにツレは、にらか万能ねぎとノンオイルのツナだけというミニマルな構成で作っている。具材を欲張って多めにすると味が決まりにくいのだそうな。味が薄ければ食べてるときに追い塩なり、醤油を振ってもいい。気楽に作ってみてほしい。


そうめんといえば、私は夏野菜の焼きびたしをのせるのが好きだ。なすとピーマンをじっくり焼いて、めんつゆに浸けておけば下準備は完了。揚げびたしもいいのだが、ごく少ない油で作れて、よりさっぱりと仕上がるのが焼きびたしの魅力。昨今油の値段は上がるばかりだし、なすはいくらでも油を吸ってしまうので、この方法にたどり着いた。

なすはへたと先を落として半分に切り、包丁で皮の方に切込みを細かめに入れておく。フッ素加工のフライパンに小さじ1ぐらいの油をしいて中火にかけ、なすを皮から入れてフタをして3分焼き、返してまたフタをして2分焼く。熱いうちに、好みの加減に希釈しためんつゆに浸けて、粗熱が取れたら容器に移して冷蔵庫へ。

ピーマンも食べやすい大きさに切り（へたや種は気になるようなら取り除く）、フライパンで焼きをつけて、ほどよくしんなりしたところでめんつゆに浸す。ビニール袋にめんつゆを入れて浸すと、少量のめんつゆで味がまわる。こちらも粗熱が取れたら冷蔵庫へ。熱いまま入れてしまうと、冷蔵庫の温度が上がって、入れてあるものが傷みやすくなるので注意してほしい。ピーマンではなく、万願寺とうがらし（甘長とうがらし）やししとう、いんげん、パプリカなどでやってもいい。

あるいはもっと簡単に、なすやピーマンなどをめんつゆで煮て、つけめんにするのも手軽でうまい。私は豚肉も焼いてここに加え、1食にしている。まず、軽く塩をした薄切りの豚肉をフライパンで焼く。刻んだ夏野菜も加えてさらに炒め、好みに薄めためんつゆで軽く煮る。これをつけだれにして、そうめんや蕎麦をいただくというもの。夏の定番メニューのひとつである。たんぱく質と野菜と主食を一度に取れるのが便利でいい。七味や黒七味を加えてピリ辛にすると、また違うおいしさになる。肉は豚ではなく鶏でもいいし、野菜は秋ならきのこと秋なす、冬はねぎと白菜に水菜、春なら新玉ねぎに菜花なんて組み合わせもいい。

ペペロンチーノ、つまりパスタの場合、野菜を足すのはかなり自由な世界。みなさんもいろいろと好みで加えられていると思う。私は、ミニトマトを使い切れないとき、よくペペロンチーノに加えて一掃している。手軽に作る方法としては、ビニール袋にミニトマトを入れて手でもみ潰し、刻んだにんにくと一緒にフライパンに入れて炒め、スパゲッティを加えて仕上げるというもの。ミニトマト、たくさんあるといちいち切るのが面倒という人が多く、こんなやり方を思いついた。そのまま炒めてもいいが、潰すか切るかしてトマトの汁気を油と加熱して乳化させ、パスタにまとわせたほうがおいしく仕上がると思う。ここにしらすをたっぷり加え、お皿に盛ってバジルや刻んだ青じそをのせ、仕上げにオリーブオイルをひとまわし、なんて一品はなかなかにおいしく、ごちそう感も出る。

しらすは、たんぱく質とうま味をプラスしたいときに便利な存在だ。ただ塩気もわりとあるので、調味用の塩は普段よりちょっとひかえめに。使い切れない分は冷凍もできる。ジッパー付き袋などに入れて1か月をめどに使い切りいたい……が、私は2か月間ぐらいは平気で使ってしまっていることを正直に書いておきたい（早く使い切ったほうがそりゃおいしい）。

野菜を食べていると健康的な感じがして気分がいい、精神的に快適というのも確かにあるのだが、緑黄色野菜をしっかり献立に取り入れていると、実感として私の場合はやっぱり快調なのである。そして健康になりたいからというより、シンプルに「野菜、食べたいなあ」という気持ちが40代半ばぐらいから強く湧くようになってきた。野菜を食べる上で、自分なりに大切にしていることがある。それは、「生を楽しみ、発酵で楽しみ、量は加熱してとる」ということ。

生の魅力は、やっぱり食感と香りだ。生野菜をかじったときの爽快感って、特別なものじゃないだろうか。シャキシャキした音が体に響くのを楽しんだり、ジュワッと口にあふれる水気を味わったり。

また果実も含めて、フレッシュな香りを感じることは心の滋養にもなると私は思っている。例えばプラムや桃、ぶどうの類を口にしたときの香りからくる幸福感というのは、他からは得がたいものだ。香りと果汁を感じてからしばらくの間は、他のことが頭に浮かんでこない。しばし、ぼんやり。肩に入っていた力がすっと抜けていく。こんな時間の合間に、生きるうちいつしか溜まってしまった憂《う》さというものが、わずかながらでも晴れていくように思える。フルーツはぜいたく品としてカットされがちだが、たまの〝心のすすはらい〟として楽しんでいきたい。

別に、高いフルーツじゃなくてもいい。真夏の朝にトマトやレタスをひとかじりすると、なんだか生き返るような心持ちになる。水プラス香りで体を潤す特別な感覚。あるいは胸やけするとき、ミントをひとかじりするとスッキリするあの感覚もいいものだ。生の野菜はいろいろなものをもたらしてくれる。

生野菜のフレッシュ感の対極にあるものが、発酵した野菜食品の持つ奥深い、玄妙《げんみょう》な味わいじゃないだろうか。時間が醸す複雑な味わいと香りは、食べるたびに確かな満足感をもたらしてくれる。

発酵食品もいろいろあるが、私が常備しているのはキムチとぬか漬け、納豆である。腸内環境の向上に役立つともよく言われるが、単に好きだから常備している。発酵が進んで酸味の増したキムチは一般的にあまり好かれないかもしれないが、炒めものや煮ものに加えると深い味わいを演出してくれるもの。ここ、声を大にして言っておきたい。豚キムチはもちろん、チゲなんかに入れると最高なのだ。市販のチゲの素で作ったスープに足すだけでも、かなり本格的な味となる。冷蔵庫で1週間から十日ほどキムチを〝育てて〟、汁ごと加えてみてほしい。グンとうまくなるから。面倒なら、味噌汁にちょっとキムチを加えてごま油を数滴垂らすだけで、かなりおいしい韓国風の汁ものになるので、ぜひお試しを。カップのあさりの味噌汁＋キムチなんて最高なんだ。

納豆はそれだけで副菜になるのがまずありがたいところ。私は家で居酒屋ごっこをするのがとにかく好きなのだが、納豆はそういうときの秀逸アイテム。刻んだねぎ、海苔、オクラ、アボカド、いか刺し、あるいは炒めたひき肉なんかと混ぜ、付属のたれと和えればちょっとした一品に。オツだねーなんてひとりつぶやいて悦に入っている。

料理に時間をかけられないとき、「救いの一手」のひとつとして重宝している納豆レシピがある。ゆでたうどんに納豆1パック、缶詰のさばの水煮を好みの量のせて、きざんだねぎを加え、醤油かめんつゆ少々でよく混ぜる。見かけはいまいちだが間違いなく、うまいっ。ここに生卵を加えてもいい。山形県の「ひっぱりうどん」という郷土料理からヒントを得ている。興味があれば、こちらも検索してみてほしい。

栄養的にじゅうぶんな量の野菜をとるためには、やっぱり加熱して食べるのが一番だ。生ならありえないような量が無理なく食べられる。「昨日きょうと外食が続いて、野菜足りてないな……」なんて思うとき、青菜をざくざく刻んで汁ものにたっぷり入れ、帳尻合わせのような感覚で野菜補給をしている。

よくお世話になっている野菜といえば、ちんげん菜、小松菜、そして豆苗の3種だ。香りやアクが少なくて使いやすく、値段も安定して手頃で、全国のスーパーで買いやすい野菜だと思う。

ちんげん菜は中華風スープや中華炒めにしか使えないと思っていた、なんて人もいるが、味噌汁にもいいし、油揚げと一緒に煮びたしにしてもいい。クリーム系やコンソメスープに使っても違和感なく溶け込んでくれる。

小松菜は身近でありながら「使い道、煮びたし以外に知らない」という人も多いよう。青菜炒めのほかナムル、ごま和えにもいいし、私はゆがいて細かく刻んだものをごはんにたっぷり混ぜ、菜飯にして食べるのも好きだ。小松菜は青菜の中でもカルシウムに富む野菜、いつもの野菜炒めに加えるのもおすすめ。

豆苗は汁に入れたら数秒で煮える手軽さもいいところ。味噌汁のほか、鍋の時期には水菜のような使い方でどっさり入れている。ラーメンやうどんの具にするのもいい。よく驚かれるが、私は1パック分をゆでてラーメンにのせて食べるのが好きだ（サッポロ一番塩ラーメンによく合う）。細いので麺ともよく絡んでくれる。加熱の話をしているのになんだが、豆苗は5〜6㎝幅に切って生のままサラダにしてもおいしい。小松菜も同様に、洗って水気を切ってから食べやすい大きさに切り、サラダに加えるといいアクセントになってくれる。

時間がなくて、生野菜を買いに行けないときは、乾物のわかめ（あるいは塩蔵わかめ）と海苔にも大いに助けられている。わかめは酢のもののイメージが強いかもだが、味噌汁やラーメン、うどん、サラダの具にもいい。洋風のドレッシングも恐れず合わせてみてほしい。オニオンスライス、かいわれ菜と一緒にサウザンアイランドドレッシングなんて、なかなかいい副菜になる。

私はたっぷりと戻したわかめを牛肉とにんにくで軽く炒め、煮干し出汁、酒少々、醤油で煮るスープを愛飲している。仕上げにごま油数滴、こしょうを挽く。ごはんを入れて、クッパみたいにして食べるのもいい。

「いつもより気持ち少なく」の節塩ライフ

どちらかといえば私は、薄めの味つけが好きだと思っていた。いや、薄味好きだと思っていた。しかしある雑誌の企画で、私が普段作っている味噌汁の塩分濃度を測定してもらったところ、1.6パーセントという結果が出る。管理栄養士さんによると、健康を考えるなら味噌汁1杯で0.6～0.8パーセントぐらいが理想的らしい。つまり私は、理想の倍近い塩分で毎日の味噌汁を飲んでいたという結果になり、驚愕した。え、私は濃いめの味つけが好きだったのか……？

血圧というのは加齢と共に上がっていく傾向にあり、血圧が上がると脳卒中などのリスクも高まる。先の管理栄養士の方は「40歳ぐらいをきっかけにそういう病気のリスクを減らす食生活を心がけてみませんか」とも言われていた。

高血圧を予防するためには減塩が効果的と知ってはいる。そして自分はさほど塩分の高い生活はしていないだろうという根拠の無い自信があった。自炊回数も多いし、むしろ低いほうだろうと。味噌汁は好物でもあり、健康的な食生活の象徴的な思いもあったので、ショックは大きかった。うーん……自分のことなんて、分からないものだな。

このとき以来、減塩について意識するようになる。日本高血圧学会のサイトによると、人類は塩分の摂取が増えたことで「高血圧が増え、それに伴う脳卒中や心臓病、腎臓病などが増加しています。また、食塩の過剰摂取は高血圧を介さず、直接心血管病の原因になることもあるといわれています」とある。同学会では男女共に1日の塩分摂取は「6g未満」を目標としているが、令和4年度版（2022年）「国民健康・栄養調査の概要」によると、日本人が1日に摂取している塩分量の平均値は男性が10・5g、女性が9.0gという状況。病気の予防を目指すならば、日本人は総じて減塩が望ましい状況にある。まずここを知っておきたい。

1日で塩分6g未満におさめるというのは難易度が高い。かなり高い。とあるファミリーレストランの塩分を調べると、パスタ1食だと少ないもので塩分2.3g、多いものだと6.6gになるものがある。ランチセット1食でも塩分3.1gのものもあれば、6.1gになるものもある。私達、知らないうちに結構塩分をとっているのだ。塩分をはじめ栄養成分情報はグループ企業の場合だと公開されていることも多いので、気になる方は「いつも利用する店の名前+塩分」で検索して、自分がよく食べるメニューの塩分を知っておくのもいいと思う。塩分やカロリーの少ないものを選んで食べるのも立派なセルフケアになる。

食生活の見直しは、まず自分の食生活を知ることから。私はいつも何をよく食べているか、何をよく作っているかを確認してみる（日々のごはんの写真を撮っておくのはこういうときにも有効だ）。それらの味つけから醤油や味噌など、つまり塩分の要となるものをもうちょい減らしても満足出来るか、ということを意識して考えてみた。私はごはん党で味噌汁好きなので、味噌の量を減らしてみるところからスタート。物足りないな、と思うギリギリ手前の量を探ってみる。具材を多めにして、食材から出る風味を豊かにすると味噌が少なめでも気になりにくい。いつも盛る量から、野菜はとりたいから具材量はそのままに、汁気だけを少なめにするという工夫も始めた。

大好きでよく作るのは、あったかい蕎麦やうどん。出汁が好きなんだ……。昆布といりこたっぷりで作るおつゆ、我ながら上出来と思うし、ぜいたくに出汁をひいてる分ついつい飲んでしまうが、これが減塩にはネックになる。多いときで週4回は作っているのを、まず1回減らすことから始めた。つゆをたっぷり吸った油揚げなんて大・大好物なのだが、汁を吸ってしまう分、減塩を目指すなら注意が必要にもなる。ちょっと小さめにお揚げさん切るか。

おでんの塩分なんてそれまで気にしたことなかったが、しっかり煮汁を各具材に含ませる分、食べすぎると高塩分にもなりやすいことを知った。厚揚げ、大根、巾着、がんも……いずれも「しみしみ」がうまいんだよなあ。とりあえずおつゆを飲まず、具材を味わうだけにおさめるのが手っ取り早いおでんの減塩か。「出汁割り」なんてのも冬の楽しみのひとつだが、あれも塩分をとってることになるんだねえ……。

減塩を意識していろいろ調べるようになってから、和食は煮汁をしっかり具材にしみ込ませる煮ものなどが多い分、塩分も多くなりがちなことを知る。管理栄養士の知人は「和食の数少ない欠点は塩分が高めになりがちなこと」とも言う。寿司や刺身のように、それ自体は塩分が少ないものでも、おのおのが自分の好きな量の醤油をつけて食べることで、量が多くなればなるほど塩分も多く摂取しがちな料理もある。なるほど、和食をこういう側面から見たことはなかったなあ……。ちなみに寿司は、寿司飯のほうに醤油をつけるとより多く醤油を吸ってしまうので、ネタ側につけるのが減塩的にはおすすめ。小さいことからコツコツと、である。

日本各地の漬けものが年々好きになっていく。バリエーションが本当に豊富で味わいも様々。誇らしい存在だが、塩分を考えるとちょっと注意が必要になるものも。ひと口で「しょっぱい！」と感じるようなものは減っているが、白菜漬けとかおしんことか、ついついお茶うけや酒のつまみにぽりぽり食べ続けてしまわないだろうか。私は居酒屋にあるとパブロフ的に頼んでしまう。薄味に感じても、量をとれば塩分も高くなる。いや、薄く感じても塩分の高いものだって少なくない。自分の舌はアテにならない、ぐらいの気持ちでいよう（味噌汁からの反省）。

漬けものに限らずだが、買うときはパッケージの塩分量表示を見るクセをつけたい。「この食品、このぐらいの塩分を含んでいるのか」と意識することは現在買いものや献立を考える上でも役立っている。

私はキムチも大好物で冷蔵庫には欠かさないのだが、市販品のキムチをあれこれ見てみたところ100gで大体塩分3g前後はありそうな。100g、わりとすぐ食べてしまう量に思う。これに主菜、味噌汁の塩分を考えると1食でゆうにトータル6gなど超えてしまう。

私は焼肉用豚肉をこしょうだけで焼いて、キムチをのせて食べるなんて工夫をしてみた。肉に塩味がなくてもわりとおいしく食べられる。

料理の塩気を控えて作るときは、こしょうやしょうが、にんにくなどの風味をきかせたり、ごま油を最後にたらしたりして香りをはっきりさせる、料理によっては酢で酸味を際立たせるなどすると、物足りなく感じず満足度も下がらない。

減塩醤油や減塩味噌を使うのもいいけれど、「薄いな」と思ってついつい量を足してしまいがち。いくら薄くてもたくさん入れれば一緒だ。減塩醤油など、買ってみて好みの味でないときは、使い切るまで長いのがデメリット。少量の試供品があればいいんだがなあ。

調味料以外でも減塩商品があるもの、スーパーに行くといろいろ見つかる。「塩分の高いものが多いので気をつけましょう」と言われがちな加工食品（さつま揚げやかまぼこ、ハムやベーコンなど）と漬けもの類は特に多い。ふりかけやソース、ツナ、インスタントの麺もの、カレールー、冷凍食品だと減塩のチャーハンやピラフ、餃子など。試してみて味が気に入ったら減塩のものに替えるというのも、ひとつの自衛法になると私は思っている。

パンの塩分についてもずっと無頓着だった。大手メーカーの食パンやマフィン、ロールパンなどの表示を見てみると1食分で0.4gから0.8gぐらいは塩分を含んでいる。ここにチーズやハムを挟むと当然塩分もアップする。私の好きなクリームチーズ、結構塩分があって驚いた。気にせず付けてたなあ。よく買うものの塩分、パッケージで確認しておきたい。食塩無添加のパンもあるのだけれど、なかなか売られていないのが残念。もっと増えるといいんだがな。

パンとセットになりやすいサラダの減塩ポイントはドレッシングの量だ。日頃より少なめにかけてみて全体を混ぜ、「あれ、このぐらいの量でじゅうぶんいけるな」というポイントを探ってみたい。しかし量がドバッと出やすいボトル、あるよなあ。気をつけよう。

そしてドレッシング売り場、減塩のものがなかなか売っていない。私はなんとなく、ノンオイルドレッシングというのは塩分も含めてヘルシーなのかと思い込んでいたが、そういうわけでもなかった。買う前に成分表示を見ること、ここでも心がけたい。

ヘルシーと言えば、生活習慣病などの予防のために「野菜を1日350g以上食べましょう」と厚労省が提唱しているけれど、野菜を多くとろうと思って副菜を増やすと結果的に塩分も多くなってしまう、なんてこともある。おかずが増えるとそれだけ塩分も増えてしまうからね。バランスをとるってホント、難しい……。

だからこそ、病気になる前に減塩を心がけておきたいと思うのだ。そう、「心がける」範囲で済む間になるたけ「どうやったらムダに塩をとらなくて済むか?」を知っておきたい。絶対にこの塩気でなくてはいやだ、と思う点もあるけれど、別に減らしても不満はないというポイントが、自分の食生活の中には必ずある。減らしても平気なポイントを知って、無駄にとってしまってる分を減らしたい。

私は炒めものなど、醤油などは全体的に小さじ1/3ぐらい減らしてもほぼ気にならなかった。あと、野菜の下ゆでなどで塩を入れていたのをやめてみたら気にならないことが多く、いまではほとんどやっていない。パスタもゆでる際には塩を入れていない。コシに影響があるのも分かるが、私の日々のおいしさはこれぐらいでじゅうぶん。おいしさの追求は基本的に外食のとき、日々のごはんはそれなりで、というスタイルにどんどん移行しつつある。30代の頃だったら抵抗あったと思うが、いまは「たまのハレの日(記念日、お祝いなどで好きなものを食べる)→調整日(塩分やカロリーを考えて食べる日、胃腸を休める日)→日常(そこそこの意識で無理なく食べる)」というサイクルで生きている。

栄養バランスを考えて3食をまかなうのは本当に大変なこと。きっちり細かく考えてやるのが好きな人はいいが、大半の人は面倒くさいのが本音じゃないだろうか。私も、実際はそうなのだ。

「昨日外食で好きに食べちゃったなあ……」というとき（よくある）、翌朝をシリアルと牛乳、バナナ1本などにしてほぼ塩気のない1食で済ます、なんてこともしている。一応書いておくと、塩は生命維持の上で欠かせない大切なもの。ゼロに近づければいいってもんじゃない。ただ、現代の人間はとり過ぎになりがちなのだ。

料理の塩気を減らすときは、いきなり大幅に減らさず、ゆっくり減らして徐々に慣らすとやりやすい。いつも入れる味噌や醬油や塩の量を気持ち、減らしてみる。本当に要注意状態、あるいは病気になって減塩生活を余儀なくされると、これが出来ない。いきなりドーンと減らした食生活になると味気なくて悲しくもなり、ストレスも溜まってヤケを起こす、なんて例もよく聞く。そうなるのを避けたいので、減塩を意識するようになった。いや、この程度のトライだと節塩といったところだろうか。「いつもより気持ち少なく」の節塩を40代からはじめてみるのはどうだろう。

グジュとたま子のこと

「いつも、どんなものをおつまみにされていますか。お得意のおつまみも教えてください」

先日取材中にそんな質問をされて、口ごもってしまった。なぜならいつもつまみにしているのは仕事で作った残りもの、そして毎日のおかずのあまり。こんな答えじゃ先方も困るだろう。家飲み会のときによく作っている数品を答えて許してもらった。フリーランスの仕事というのは「私はこれが得意です」と言い切って宣伝しなくてはだめなものだが、いつまでも慣れない。

つまみではないが、猫を眺めながら晩酌する時間が楽しい。友人のイラストレーター、坂本千明さんは猫晩酌なんて呼んでいるが、私にとっても猫晩酌はいまの生活において大切な時間だ。

台所に立っていると足元にまとわりついてもくる。鶏むね肉や魚のサクを切り出すと必ずやってきて「少しくれよう」とねだる。魚でも、鯛やぶりのときはしつこくせがむのに、かつおだと無視するのがおかしい。やっぱり好みがあるんだな。鶏ささみをゆでたときは大興奮、においがたまらないらしい。一度、目を離したすきに鍋に残ったゆで汁をかなり飲まれてしまった。塩気を入れてなかったからよかったけれど、猫舌は平気だったのだろうか。

我が家に猫がやってきたのは２０１７年のこと。ツレとぶらぶら歩いていて、ふと気になった人だかりをのぞけば保護猫の譲渡会だった。私たちが住むマンションはペット可で、縁があれば飼いたいねとは話し合っていた。

「入ってみようか」

「そうだね」

ごく軽い気持ちで飛び入り参加。子猫のまわりは人だかりで「カワイイ〜」と黄色い声が挙がっている。その檻の片隅にぽつんと、目を患っているのか目ヤニをつけた子猫がいた。毛並みも悪く、ちょっと弱々しい。

「抱いてみませんか」

不憫に思っているのを察したのか、保護団体の方が声をかけてきた。差し出されたその子を手に取って、なんて小さいのだろうと驚く。むき出しの生命がそこにあった。脆さを感じて、抱くのがちょっと怖くなり、ツレに代わってもらう。するとその子は目をつむったまま胸元をすぐに探り当てて、ヒシッと捉えて離さない。そしてすぐに寝てしまったのである。

「どうしようこの子、離れへん」

戸惑いつつもツレがうれしそうに笑う。寝場所を見つけたその子はちょっと安堵してるようにも見えた。

「あら、選ばれちゃいましたね」

団体員の方が微笑む。この時点で私らすっかり……離れられなくなっちゃったんである。

「どうしようか」

「どうするも何も」

飼おうよ、と声を合わせた。だからといってハイどうぞ、とはいかない。うちの生活事情を説明したりなんだりの審査と問診が数日かけて行われ、幸いにも譲渡していただけることになった。受け入れる設備やらを整える期間も必要なので、OKが出てから1週間後の受け渡しに決まる。

「お母さん猫が妊娠中に保護されたんです。だからこの子は野良経験無し、なつくのも早いはずですよ。もうすぐ3か月目のオスです」

私たちはだんだんと興奮してきた。うちに猫がやってくる。

「ねえ、名前どうしようか」

ふと、目ヤニでグジュグジュのあの顔が浮かんだ。

「グジュはどうだろう」

自然に口から思いがこぼれる。それしかないと直感した。

「ええ？　うーん……そうだね、いいかもね。ちょっとフランス語っぽいし」

即決だった。

こうして我が家の猫になったグジュくん、オスである。私は猫を飼うのは初めて、すべてがおっかなびっくりで緊張の連続。けれどグジュはまあ実に、飼いやすい子だったんである。

目ヤニだらけだったのは獣医さんにもらった目薬ですぐに治り、驚くばかりの明眸《めいぼう》があらわれた。家に来てすぐトイレを覚え、粗相は一度も無し。爪とぎも専用のところでしかしない。うるさく鳴くこともない。おとなしくて、私が原稿を書いていても邪魔をせず、そばでちょこんと座ってそのうち寝てしまう。

しかし初日は手こずった。ソファの下に隠れてずっと出てこない。おびえたような目で見つめられて参った。やっと出てきたと思えば、食べない。保護団体の方が「施設で食べてたエサですよ」と数日分を分けてくれていたが、手をつけやしない。うーん、うちが気に入らなくてハンストか？

真夜中になっても一切食べず、私は気が気でなかった。猫飼いの経験があるツレは「放っておいたらそのうち食べるよ」と寝てしまう。なんと冷酷な人間だろう……あんな調子ではいつか私が寝たきりになったらどうなることやら。しかしいまはグジュが気になって仕方ない、このまま食欲が湧かず衰弱してしまったらどうしよう……。数時間そばにいて、声をかけ続ける。ぬるま湯でエサをふやかして手のひらに取り、口に近づけたらようやく少量をポソポソと食べた。食欲が刺激されたのか、それからどんどん食べる。ホッとして、体から力が抜けていく。へなへな、という音が自分から聞こえた。時計を見たらもう4時半を過ぎていた。

その後すくすくとグジュは成長、自分の中にこれまで体験したことのない特殊な感情が生まれていくことに気づかされる。かわいらしく思っていた友人宅の猫を見ても「うちのほうがかわいい」などと思ってしまう。どこの猫を見てもそう。テレビCMに映る猫を見ても「これで採用されるならうちの子も絶対いけるはず」とまあ……ど厚かましいもいいところだ。完璧に親バカまっしぐら。

ワクチン注射のときなど大変だった。グジュが針を刺された瞬間に上げた「アーン……！」というか細くも長い叫びがいまも耳に残っている。必死で痛さに耐えているのが如実《にょじつ》に伝わってくるその響き。自然と目からツーと涙がこぼれた。人間の勝手でつらい思いをさせていることが申し訳なかった。涙が止まらない私を前にグジュはいつしかケロリとしている。その姿が健気に思えてまた涙。看護師さんに「グジュちゃんより白央さんのほうが大変そうですね」と笑われた。

ともかくも、グジュは育てやすい子だった。いたずらもせず誰にでもなつき、スキンシップを好む。過剰に甘えてくることもない。一度カーテンに登ったが、「こらぁ」とツレが一喝したらもうしなくなった。エサの好ききらいもなく、与えたものをしっかり食べる。人間の食べものにも興味津々で、なんでも食べてみたがるのは私に似たんだろう。猫を飼うのって案外ラクだなあ……などという甘い考えをぶち壊してくれたのが2匹目の猫、たま子である。

たま子は推定生後2か月で保護団体から譲渡していただいた。本当は母猫と最低でも3か月ほど過ごして、ある程度丈夫になってから飼うのが理想的のようだが、たま子は捨て猫だったのだ。きょうだいと思われる子猫たちと箱詰めで捨てられていたのを保護された、と聞いたときは絶句した。他の子達は息絶えていたらしい。「よくあることなんです」という言葉を忘れない。

驚いたのは食べっぷりのすごさ、一心不乱にガツガツと食べる。食うや食わずを経験したからこうなったのかと思えば哀れだった。よく食べるのに、お腹が膨れるばかりで顔つきや脚はガリガリ。ふくよかに、珠のように丸く育ってほしいと願いを込め、たま子と名づけた。

たま子はとにかくよく鳴く。正直、最初は辟易した。

「ごはんをもっと！」

「相手して、もっと！」

なんらかの訴えがあれば力強く鳴き続け、だんだんと音量も増してくる。ケージなんかに入れようものならもう大変で、さながら自由と解放を求めるレジスタンスだ。

「こんなとこイヤ！」

「出してーッ‼」

あきらめずに何分でも叫び続けるその根性と声量に私は圧倒された。「もっと食べたい！」「離れないで！」と力の限り叫び、吠え、懇願してくるそのガッツ。たま子ではなくガツ子という名前がふさわしかったかもしれない。箱の中で、この大きな声で鳴き続けたからお前は見つけてもらえたんだろうな。

2歳年上の先住猫・グジュとはすべてが正反対だった。グジュはおっとり内気で甘えたがり。たま子は勝気で活発、甘え下手。ふた回り以上も体の大きなグジュと引き合わせてもまったく動じず「カモン！」とばかりに飛びついて、追いかけっこを誘うのはいつもたま子だ。スキニーなほどの体つきなのに腰が据わっていて、猫パンチなど切れ味バツグン。前世は名のあるボクサーだったんじゃなかろうか。

そんなたま子パワーにあてられたのか、グジュは同居3日目から体調を崩し、食事をとらなくなる。壁を向いて座り、私の呼びかけにも応じない。動きも緩慢になり、目は「うろん」として生気が消えた。獣医さんに駆け込んで相談したが、「まあ、よくあることですよ。次第に慣れると思いますけどねえ……それより、白央さん大丈夫ですか？」と猫より私を気づかってくれる。どうやら表情が半泣きだったらしい。

世の中には、飼育放棄された猫がたくさんいる。私達に出来ることなどわずかではあるが、一匹でも多くお世話出来ればという思いがあった。グジュに手のかからない分、もう一匹ぐらい飼わせてもらおうか……とツレと話し合い、保護団体さんを訪ねて、引き取ったのがたま子だった。

なぜ私は相性のことを考えなかったんだろう。軽率すぎた。グジュに申し訳なくてたまらなかった。この子の健康を害してまで飼うべきじゃない。でもだからって返せない。他に飼ってくださる方を探すべきか……だがたま子は飼いやすい子ではない。グジュがこのまま気を病み続けてしまったら……。気が気じゃなかった。

「しばらく隔離してみてください」とのアドバイスに従い数日が経った頃、グジュはエサをぽりぽりと食べ出した。「たま子ちゃんと一緒にする時間を徐々に増やしてみてください」と先生。10分単位で時間を増やしながら、同じ部屋で過ごさせてみる。そんな生活から17日目、グジュが突然たま子を毛づくろいした瞬間が忘れられない。

「えっ、いいの？　大丈夫⁉」

思わず問いかけた。たま子は気持ちよさそうに目をつぶって身をゆだねている。涙があふれた。ごめんよ、ごめんよ、ありがとうとグジュを何度もなでて感謝した。

そこからの展開は早く、たまには昼寝も一緒にして、ときにじゃれ合う。いま原稿を書いているそばで、2匹は床に寝そべっている。たま子は順調に育ち、ほどよく肥えて表情は柔和になった。食いっぱぐれはないと理解したようで、焦るようにガツガツ食べることもない。

グジュは7歳になり、たま子は5歳に。どうかこのまま健康でいてほしい。お客さんが来て「なんでグジュ、たま子って名前なの？」と聞かれるたび、あの日のグジュの目を思い出し、威勢のいいたま子の声がよみがえってくる。

さあ、仕事など早く終わらせて今夜も猫晩酌を楽しもう。

台所の思い出話①

「なんかすごいものが届いたわよ」

中学校から帰ってきた私に、母はちょっと興奮気味に言った。台所に行ってみたら、大きな発泡スチロールの箱が置かれている。大きく「ナマモノ」「蟹」の文字があった。父が仕事でお世話した方がお礼に送ってくれたらしい。

「篤司、開けてみてよ」

母のフジエさんが言う。おそるおそる開けてみれば、なんとも大きなタラバガニが1匹現れてぼうぜんとした。私もフジエさんも目を真ん丸に見開いて、しばし顔を見合わせてしまったほど。

「でかいねえ」

「大きいわね……こんなの見たことない」

ふたりしてまた顔を見合わせて、ははは……と笑ってしまった。

「しかしどうすんの、これ……」

「ゆ、ゆでるか蒸すかしないと……でもこのまま入るようなお鍋、うちにはないわ」

思えばぜいたくな悩みである。確か送り主は気仙沼か塩竈だったかの水産関係の方で、特にいいものを選んでくれた……みたいな話だったような。フジエさんはなんとか加熱してくれて、夕飯の食卓にタラバガニが並んだ。大きい殻にみっちりと詰まった身がするーっと抜き取れて「うわあ」と声が出る。ひとかじりして言葉を失った。無言になるおいしさというものを人生で初めて体験したわけである。しばしあって、普段はクールであまり感情を表に出さないフジエさんが「カニって、おいしいものねえ」とぼそり言ったのが忘れられない。私はむしゃぶりついて味わった。カニ独特の甘みとうま味と香りが濃厚なんてもんじゃなく、幸福感が頭に攻め込んでくるような感覚を覚えた。

父は父で「こりゃあ高いぞ。まいったな、こんなことしてくださらなくてよかったのに……」と素直に味わえないようでもあった。お返しのことなどもあったのだろう。私は呑気に「お父さん、この人またカニ送ってくれないかなあ」なんて言ってたが、カニがうちに来たのはそれきりだった。

いまでも「かに道楽」の看板なんかを見ると、あの特別な一日がよみがえってくる。おいしさも特別だったが、母とふたり「か、カニだよう……?」「カニだわね……」なんて当惑と興奮がない交ぜな気持ちになり、なんだかもう笑うしかないよねという妙な時間を過ごしたことが忘れられない。北向きのほの暗い台所で、赤いタラバガニがあやしく光っていた夕暮れ。私にとって、台所における最も印象的な光景のひとつだ。大人になってから何度かタラバガニをいただく機会があったが、あの日に味わった以上のものに出合えない。

台所の思い出話②

30代の頃は東京・目黒区の小さなアパートに住んでおり、お隣が料理上手な方だった。いや、招かれてご馳走になったわけではなく、そもそも交流自体なかったけれど、夕方になると毎日のように流れてくる匂いがそれはそれは上等で、「腕の確かなひとだ」と直感したのである。煮魚が多かった。私は一匹丸々の魚の煮つけに自信が持てないのだが、そういうのもきれいに作りそうだな……なんてよく思っていた。「きょうは適当に済ますか」と思う日も、お隣の匂いに触発されて「やっぱりちゃんと作ろう」と奮起したこともたびたび。いい刺激をもらっていたのだ。

その方の台所なぞもちろん見たこともないのだが、年季の入ったアルミの両手鍋があるように思えてならない。それひとつでなんでも器用に作るのだ。菜箸は竹製でシュッと長く、大中小と揃ったざるは職人の手作り。よく晴れた日にはまな板を天日干ししていそう……とまあすべて私の妄想なんだが、そうあってほしかったのだ。なんとなく俳優の奈良岡朋子さんみたいな方を想像していたけれど、結局お隣さんと顔を合わせることはなかった。

今でもあのまちかどに、いい匂いを漂わせているだろうか。私の後に入った人も食欲を刺激されて「たまには煮魚でも作ってみるか」なんて思っていてほしい。現在の私の住まいは、立地的にお隣の夕餉《ゆうげ》が感じられてくるようなことはまったく無く、少々さびしく思っている。

50歳を前にして、私はあと何回台所に立つのだろう、立てるのだろうかとふと思う。まだそんな感慨早いでしょと思われるかもだが、50代で突然亡くなってしまった先輩も多い。食いしん坊だった先輩方を思い出すたび、もっとあれこれ食べて、作って、味わいたかったろうなと感じ入る。人生何が起こるか、本当に分からないという思いが深まるばかり。味わいたいものがあれば胃袋が元気なうちに味わい、作ってみたいものはひとつでも多く挑戦しておかねば。一期一会ならぬ、一期一炊だなとこのところとみに思ってしまう。

みなさんにアンケートその②

ここからは37ページの続き、「中高年になって感じた食生活の変化や気をつけていること」など、同年代の方々の声をご紹介していきたい。まずは胃もたれ編から。

「3食インスタントラーメンでもよかったのに、いまは夜に食べると翌日胃の調子が悪くなってしまいます」47歳

インスタントラーメンといえば、私は学生の頃よく日清カップヌードルのシーフード味ビッグサイズを食べて、麺がなくなったらコンビニおにぎりのツナマヨをドボンと入れ、雑炊みたいにして食べるのが好きだったな……。いまはさすがにやらないけれど（笑）。あの頃は3食を食べた上で「おやつ」的に食べていたような。それでも太らなかったんだから、若い頃ってすごいもんだ。帰らないあの日に乾杯。

何によって胃もたれを起こしやすいかというのも人によってかなり違うもの。起こしやすくなる年齢もしかり。30代半ばから変化を感じる人もいれば、50歳半ばでも「若い頃と食べるものも量

も一切変わらない」という人もあり。

「半ラーメンがほしい」49歳

激しく共感。いや、まだまだラーメン1杯は食べられる。でもきょうは胃もたれしそうだな、あるいはカロリーなどを考えてやめることが増えている。そんなとき麺半量、あるいは麺2／3量なんて選べたらいいのにな、と思ってしまうのだ。

北陸を中心に人気を誇るラーメンチェーンの「8番らーめん」はその点先進的。麺半量のサイズ、また麺無しのメニューまでもが常設されている。とにかく地元の人達から愛されている「8番らーめん」、旅先で体験的に味わうにも小さいサイズがあるのはうれしかった。また「長崎ちゃんぽんリンガーハット」にも麺と野菜がレギュラーの半量であるスモールちゃんぽんがあり、量が食べられない人にはありがたい。ちなみにレギュラーサイズの麺少なめもオーダーできる。野菜量はそのままがよければ、こちらのチョイスもいい。

「おいしさと同じくらい、食べ終わったあとの気分のよさが大切になりました」52歳

心に沁みたコメントだった。食事と食後感は同等に大切なもの、というのは中高年なら胸に刻んでおきたい。食後感がいいということは、1日の残りの時間を快適に過ごせるということなのだから。夜ごはんが重い、あるいは食べすぎると明日の体調にも直結してしまう。「調子にのって昼を

食べすぎると、夜までにお腹が空くだろうかと心配になってしまう」なんて声も50歳前後の方から多く寄せられた。分かる、分かるよ同志！　若い頃だったら「お腹が空かなかったら、お腹が空いたときに食べればいいじゃない」とマリー・アントワネットばりの勢いで言っているだろうが、夜遅い時間に食べるとさらに消化が悪くなるんだよ……。翌朝に胃がむかむかするのは避けたいので、夜早めに食べて、寝るまでに胃を軽くしてから就寝したい。

他の人はどうか分からないが、私は中高年になって空腹でも寝られるようになった。若い頃には考えられなかったことで、この点はわりとうれしい変化である。

量や脂っこさを控えるだけでなく、さっぱりとした食べやすさを考えて料理している方もいた。いただいたコメントの中に「醤油大さじ2のレシピだったら、半量を黒酢にしている」というのがあり、いい工夫だなあと膝を打つ。多分加熱するレシピだと思うが、火を通せば酸味のきつさは飛んで、うま味が残る。風味もさっぱりとして食べやすくもなる。

醤油だれなら、黒酢ではなく風味のやさしいバルサミコ酢を加えるのもいい。醤油とバルサミコ酢を2：1、酢がきらいでなければ同量で混ぜてオリーブ油少々、刻んだねぎやしょうがを加えたものは、冷奴や蒸し野菜などのとてもいいたれになるし、ドレッシングとしても使える。「レシピの指定量より油を気持ち少なめにする」なんて声も聞かれて、自分の脂耐性を考えた食生活シフトチェンジを行っている人、少なくないのだなと感じ入った。

「いま本当に食べたいものは何かと考え、量を意識する」53歳

お見事。1食1食を無駄にできないなあ、と本気で思う。後先考えず食べると次の一食を、下手したら翌日をダメにしてしまうことだって起こり得るのだから。

先日、とある方を取材する機会があった。大好きな旬の食材は食べるのを2回までと決めているのだそう。もっと食べたいな、というところで止めておく。そうすると来年またすごく楽しみに食べられるから、という言葉に私は射抜かれるような思いになった。確かにそうだ、好きだからって何度も食べていると、どうしても飽きもくる。来年また同じように心ときめいて食材と相対したい、という心構えには見上げる思いになり、私も真似させていただこうと決めたのだった。ちなみに、取材相手は料理研究家の瀬尾幸子《ゆきこ》さんである。

秋の栗、そして父のこと

インスタグラムや旧ツイッターでの、料理研究家の方々の発信を楽しみにしている。お菓子作りの名人、なかしましほさんもそのひとりだ。栗に関する発信が特に忘れられない。「栗ゆでは大変じゃないんですよ」と始まり、塩少々を入れた熱湯で煮て、皮ごと包丁で半分に切り、中をくり抜けばいいのだ、というもの。これぞまさに目からウロコ、今までずいぶん面倒なことをしてきたなあ……！　ものすごく気がラクになって、グッと栗が身近な存在になる。

小さい頃、栗ごはんを作ってもらえたときはうれしかった。おいしくてバクバク食べてしまう。また作ってよとせがむ私に母は小刀を渡した。栗むきを一緒にやろうと誘われる。ほら、こうやって皮をむくんだよと教えてくれるが、うまく出来ないし、正直ちょっと怖かった。

「私も全然得意じゃないの。よく指も切っちゃうよ」

確かに達者とは言えない手つき。母が怪我をしそうでますます怖くなり、もういいよお母さん、やらないでと願ったが「買っちゃったんだからこれだけはむかないとね」と手を止めない。結局私は3個ぐらいしかむけなかった。いつも家族で食べている量をむくには、この数十倍の手間がかかるのかと思ったらなんだかぼうぜんとしてしまった。栗ごはんのおいしさは手間の味である。秋になってもそう簡単に栗ごはんをねだれなくなった。いまでも栗を見ると小刀がセットで思い出され、あの日自分でむいたボロボロの無様な栗を思い出す。

特別なことに感じていなかったが、何か献立をリクエストするたび、うちの母は「あんたが作ってみたら」と言っていたことに気づく。さんまの焼き加減ひとつにしてもなかなか難しいものであることを中学の頃に知った。サラダひとつ作るのも、ただそのまま切ってドレッシングをかけるだけでは「いつものおいしさ」にならない。レタスをパリッとさせるコツや、洗ったきゅうりやトマトの水気をふき取る大切さを知った。自分で体験してみると、焼き魚やサラダを「ただ焼くだけ」「ただ切るだけ」とは言えなくなる。

料理それぞれに手間があり、なんでも経験と勘がある程度必要で、それすなわち技術というものなのだ、とだんだん分かってきた。いかにも教育という感じではまったくなかったが、体験させて学ばせていたんだなといまになって気づく。おっかさん、ありがとう。

和菓子屋さんに栗蒸しようかんが並ぶと「秋だな」と思う。ひとつ買ってくかと店に入りたくなる、その気持ちの湧きおこりが楽しい。昨年、石川県小松原市「松葉屋」の「月よみ山路」という栗蒸しようかんを手みやげにいただいたが、あっさり軽い甘さなのに実に深い味の満足感があり、とても好みだった。デパートの諸国銘菓コーナーでの取り扱いも多いようだから、今度探してみよう。栗蒸しようかんはなぜかうちの猫・グジュが食べたがる。前世で好物だったのだろうか。

滋賀県が本拠地の「たねや」が重陽《ちょうよう》の節句の頃に出す「栗子もち」もおいしい。お餅を栗あんで包み、刻んだ栗がのせられている。これと緑茶で過ごすお三時はいいものだ。一服する、なんて日本語を忘れたくない。栗のお菓子だと、京都「京らく製あん所」も栗大福が待ち遠しい。最初に食べたとき、ただ極上という言葉しか浮かんでこなかった。なんと繊細で濃密な栗あんだろうか。仕上げるまでにどれだけの手間がかかっているのだろう、と想像して思わず頭が下がる。関東だと横浜のそごうデパートでしか買えないが、栗の季節にはうちから1時間以上もかけて買いに行ってしまう。こちらは夏なら「白玉しるこ」も実においしい。ああ、話は栗から逸れてしまうが兵庫県西宮市「和菓子所 桔梗堂《ききょうどう》」の「白玉しるこ」も絶品なんだ……。もう一度言う、絶品なのだ！ わざわざ取り寄せたいおいしさ、こんな官能的に柔らかい白玉は経験したことがなかった。あんこもなめらか至極、ひと口食べれば涼感が得られて、体から熱が引いていく感じがする。とある取材で西宮を訪ねたとき気になって入ったのだけれど、店先でいただいて「おいしーーい！」と子どものように声を上げてしまい、店員さんに苦笑されてしまった。

栗といえば、父・カズヒサさんの好物は昔風のモンブランだったことを思い出す。マロンクリームが黄色で、トップに栗の甘露煮がのっかる懐かしのケーキ。見かけることはかなり少なくなってしまった。そもそも「まちのケーキ屋さん」自体が激減している。物価高で、小麦粉やバターも値上がりしており「良心的な値段」を維持しているところほど疲弊している。

そもそも値上げしないこと、安い値段であることは「良心的」なのだろうか。多くの人々にとって買いやすい値段でありたいという考えは確かに良心的だけれど、この内容でこんな値段で大丈夫なのかと不安になってしまうお店も多い。しっかりもうけを取ってください、無理しないでくださいと伝えたくもなってしまう……。

日本には豊かな食文化があり、多彩な食品が毎日店に並んでいる。成城石井やカルディが日本各地にあって、日本はもとより世界各地の食材や調味料、各国料理のテイストを取り入れたおそうざいが日常的に買える。だがその豊かさを日常的に楽しめるのはいま、日本人の一体何割なのかとよく考える。豊かな食文化を今後支えていける人々はどれほどいるのか。

「いいものを、より安く」はありがたいが、「いいものが適正価格で売られ、多くの人がそれらを買える社会」への進化が必要じゃないだろうか。食料品店やスーパーの豊かすぎる品ぞろえを見るたび、この豊かさは誰のためにあるのだろうと思ってしまう。

父の好物からずいぶんと話が逸れてしまった。父といえば、アニサキスに4回もあたっている気合の入ったいか好きだ。懲りないもんだなとあきれるが、よく考えたら私もかきにあたって苦しみ抜いた経験があるのに、いまだ生がきは食べ続けている。あんなおいしいものを捨てる気には毛頭なれない。父とは全然似てないつもりだったが、食い意地の強さは父から受け継いだのかもしれない。

いかはいつもうちにあった。「いかと湯豆腐があればパパ、機嫌がいいからね」と母が言う。いいものが店に並ぶと、まとめて買って冷凍しておく。冷凍庫の4割ぐらいがいかだった光景を覚えている。いかをさばくことは日常茶飯事で、私も子どものうちに胴とわたを外して軟骨を取って……という手順を覚えてしまった。醬油で煮つけたり、いかリングにしたり。ほろ苦いわたのホイル焼きもよく食べていた。父が生まれ育った青森・八戸は漁港のまちで、昔はさばといかとほたてがよく獲れた。私が小さい頃、いかとほたてをどっさり入れたカレーが最高においしかったことを思い出す。ほたての〝ひも〟からいい出汁が出ることをそのとき知った。そんなぜいたくな使い方が出来るぐらい、よく獲れた時代だったのだ。あの頃食べたような立派ないかにはもうなかなか出合えない。あっても普段使い出来るような値段ではなくなってしまった。

父は保険会社の営業職として全国を転勤で回った人だから、各地のおいしいものをよく知っている。毎年夏になると大阪・泉州「北由食品《きたよし》」の水なす漬けを、寒くなると宮城・塩竈「丸ヲ及川商店」の魚の粕漬けを送ってくれるのがありがたい。

水なす漬けはぬか漬けで、すぐ食べるとごくあっさり、数日冷蔵庫におくとしっかり漬かって酸味が増し、まったく別のおいしさを楽しめる。そのままぱくりとかぶりつくおいしさは格別だが、よく漬かったのを細かく刻んでしょうがの細切りと一緒に冷やし茶漬けにする、なんてのもおいしい。

粕漬けは鮭と〝めぬけ〟という魚の2種で、焼いて食べればごはん泥棒とはまさにこのこと。新米と一緒にいただくときなぞカロリーの懸念なんて頭の中から追い出してただ食べる悦《よろこ》びにひたりたくなる。台所に新米の炊ける香りと、粕漬けが焼けて魚の際がちょい焦げる匂いの漂うときからしてたまらないのだ。

コロナもあって、暮れの帰省をずいぶんと控えていた。昨年久しぶりに訪ねたとき、正直不安でならなかった。メールや電話は頻繁にしていたけれど、実際に会ったら老いを感じるのだろう。腰が曲がってはいないか、よぼよぼと歩くようになってはいないか。老いた姿を見るのが怖かったけれど、すべて杞憂に終わった。姿勢も歩幅もまったく変わらず、その場で拍手したかったほど。特に父の運転のキレの良さと駐車の正確さには惚れ惚れした。

「目、かすんだりしないの?」

「まったくない」

すげえや。安心したら眠くなった。実家に帰るといつもいつも眠くなる。実家ではなく、親の家というのが正確だが、なんだか分かりにくいので実家と呼ぶ。私はずっと父の転勤に付いてきたので、生まれ育った家というものが無い。それでも親が暮らす家に来ると安心感からか毎度眠くなる。なんだか脊髄から眠気が来るような感じで、いつもはショートスリーパーなのに寝だめが出来るようになってしまう。

起きたら北寄貝《ほっきがい》のしゃぶしゃぶが出来ていた。八戸ではおなじみの貝のひとつの北寄貝、冬場はよく食べる。刺身もいいけど、湯引きすると甘みが出てきて実にうまい。噛むほどにその甘みと野趣のある香りを堪能できる。白菜、豆腐、えのきと一緒に楽しんだ。

かなり食べたつもりだったが、「あんたは食べなくなったねえ」としみじみ言われてしまう。親の目は、いくつぐらいの私で止まっているのだろう。

第四章

決めつけない方が人生は面白い

魚よ、おろそかには食わんぞ

―私のレシピ微調整―

なかなか立派なぶりのサクが手頃に買えて、帰り道に思わず鼻唄が出る。近所のスーパー、たまにぶりが入るんだよな。刺身にするのもいいが、きょうはぶりしゃぶにしよう。一緒に煮るのは白菜、えのき、豆腐の定番トリオでいくか。緑黄色野菜もとりたいから豆苗も2パック買って帰ろう。鍋といえば水炊きや豚しゃぶもいいが、年々ぶりしゃぶが我が家の人気ランキングを上がっていく。先日、同年代の友人とも話していた。彼の妻は現在妊娠中。

「安全を考えて、刺身や生ものを控えてるんだ。妻は刺身が大好物だから、俺だけ食べるわけにはいかない。正直つらいよ（笑）」

「そうか。でもさ、ぜいたくだけど刺身で食える魚をしゃぶしゃぶにして食べるってのはうまいよ。ぶりなんか、うちではよくやる」

「ああ、ぶりしゃぶのおいしさってのは40代も後半になってくると分かるよね（笑）。脂がほどよく落ちて、食べやすくなる」

脂のノリがいいぶりなど実においしいものだが、その脂が年々ちょっときつい。寿司なら2カンぐらいで「ぶりはもういいかな」ともなりがちなのだが、しゃぶしゃぶにするとほどよくさっぱりとして、量も食べられる。こういうおいしさ、確かに私も40代になるまで分からなかった。

鍋に出汁昆布をちょっと豪勢に入れる。水からじっくりと温めて、沸いてきたらお酒大さじ3ぐらい入れて、豆腐なり加えて煮始める。何しろ刺身用ぶりだから、本当に瞬間湯にくぐらすだけでもいいし、表面が白っぽくなるまで湯に浸けてもいい。しっかり煮るもよし。湯通し加減ごとのおいしさがある。私はおろしぽん酢一択だが、レモン醤油やすだち醤油もいい。刻んだ細ねぎともみじおろしを薬味にすると、家がお店になって日本酒を開けたくなる。

ぶりのおいしさが溶けた汁を最後に雑炊にして、卵でとじるのがまたうまい。たっぷりの刻みねぎを加えて、しょうがのしぼり汁なんて加えて仕上げるとうれしい冬の夜となる。

魚のサクを刺身におろすなんて、最初は心理的ハードルが高すぎた。そんなのプロにしか出来るわけない、無理無理、やる必要ない！　そうなんだけれども、プロのクオリティでやらなくてもいいんだよな、とある日ふと思ったんである。カルパッチョを家で作ってみたいが、刺身で買ってくると高くつく。自分用なんだからどうなってもいいか、出来なくて当然だと開き直ったような心持ちで鯛のサクを買ってみた。バイト先の飲食店で、板前さんがやっているのを思い出しながらの包丁引き。最初はまあ無様な出来で、なるほど世の中の刺身は「食材の代金＋技術料」で売値なんだよなと納得した。そう、料理すればするほど、自分でやってみればみるほど、お店の「技術料」と

いうことがよく分かってくる。実際耳にして驚いたことがあるけれど、

「刺身なんて切るだけじゃん」

本当にこういうことを言う人がいる。あるいは
「サラダなんて料理じゃない。切ってドレッシングかけるだけでしょ」

などと言う人にも接したことがある。冗談じゃないと思う。自分で刺身を引いてみろ。「切ってかける」だけというサラダを家族の人数分用意して、夕飯の時間に間に合うように作ってみろ。冷たくパリパリな状態で作れるかどうか、体験してみるといい。料理に限らず、「家事なんて大したこともないのに文句ばかり」的な言葉はいつまでもなくならないが、こういうことはいつでも「家事を日常的に体験したことのない人」が発している。他にも「ワンオペで大変とか」「マイノリティで大変とか」「別姓じゃなくて大変とか」なんて文句言い過ぎ、などといった世の中にあふれる「人の苦労や大変さを軽視して否定する言葉」は、すべて当事者以外が発しているものだ。その苦労が関係ないから、「私が直面することは絶対にない」と思えてしまうから、笑ったり否定したり出来てしまう。「文句が聞こえてくるの、うっとうしい」と正直に言ってみたらどうか……などと怒りに任せて話が逸れすぎだな、すみません。

お刺身ひとつとっても、スーパーで売ってるような状態に仕上げるには技術が必要だ。お刺身数切れが入った1パックでも、技術習得までの月日が詰まっているんだよなと、「3割引き」なんて赤いシールが貼られたパックを手に考えてしまう。私達は食物や食材に感謝する習慣はあっても、

それを加工する技術に対しての感謝はスルーしてしまいがちじゃないだろうか？　まちの飲食街やスーパーのおそうざいコーナーを成立させてる人達の技術にも、日常を支える料理を作り続ける人達にも、敬意を払うことを忘れたくない。

あれ、なんの話だっけ。ああカルパッチョか。サクを何本か引くうちにコツもつかめてきたが、十数年経ったいまだって別にうまく出来ているわけじゃない。でもまあ、腹に入れば一緒だ。料理を始めた頃はとにかく「上手になりたい、おいしいものを作れるようになりたい」なんて気持ちだったのが、どんどん「そこそこでいいじゃないの」という気持ちに変わってきている。「腹に入れば一緒だ」なんて言葉に対して30代ぐらいまでは「いいや違う」とも思っていたが、いい言葉だなと最近は思う。

鋭さと意欲を失ったと感じる人もあるだろうけれど、いまの私と現在の生活には、そのぐらいがちょうどいい。

もしサクを買って刺身を引いてみようという人があったら、次はヅケに挑戦するのはどうだろう。酒、みりん、醤油を1：1：1で作った漬け地に20分もひたせばおいしいヅケが出来あがる。味のノリがいまいちなマグロなんかを買ってしまったときはヅケの出番だ。グッとおいしく食べられる。たっぷりの生野菜と和えてお刺身サラダにする、というのも私はよくやる。かつおはトマトとの相性がいい。ルッコラやオニオンスライスと一緒にオリーブオイル、塩、バルサミコ酢で和えると実においしいサラダになる。

好みの刺身をサニーレタス、オニオンスライス、海苔、塩、ごま油と和えて韓国風サラダにするのもおいしい。韓国海苔でやるとなおよく、ビールが進む。韓国風ならコチュジャンをみりんと酢少々で溶いて、ごまと一緒に刺身で和えるのも実においしい。きゅうりの細切りを加えてもいい。

私は刺身なら、オニオンスライスと一緒にナンプラーとレモンのしぼり汁で和えてパクチーを散らしたものをよく作る。ヤムというタイ料理の和えものの応用だが、かつおのたたきがナンプラーやパクチーの香りと最高に相性がいい。素晴らしいつまみにもなる。

刺身、煮魚、焼き魚もいいけれど、もっといろいろな形で魚を楽しみたい。肉よりは高めになりがちだけれど、家庭で魚を料理する人が激減している現在、売れなくて割引になることは多いのだ。獲ってしまったのに無駄になりそうな哀しい姿をスーパーで目にするのは日常である。先日もきれいないわしのパックが捨て値になっていて、素通り出来なかった。遠い海からここまで冷蔵で運ばれてきて、君たち5匹の終《つい》の値は150円か。映画『七人の侍』の勘兵衛じゃないが、おろそかには食わんぞという気持ちになる。

いわしなら、最近私は「醤油無しの梅煮」がいい。頭とはらわたを除いたいわしを酒と酢少々、塩気のちゃんとある梅干し（塩分13～15パーセントぐらいのもの）で煮る。甘みのきいた醤油味がいささか重たくなってきているので、このやり方で試してみたらさっぱりとして実にいい。きちんとごはんのおかずにもなる。中ぐらいのいわし3～4匹で梅干し2個ぐらいが目安だ。
さばの味噌煮もクラシックなこってり甘めではなく、味噌、酒、みりん少々、しょうがで軽く仕上げるようになった。さっぱりと食べられる。いまの自分に合わせて、世の定番レシピもあれこれと微調整。これがなかなか楽しい。

―おまけ―

いわしは開いたのを酢に3～4時間浸けておくと、小骨が溶けて食べやすくなる。開いたいわしが安くなっているとき、私はバットなどにならべて酢に浸し、冷蔵庫に入れておく。ミツカンの一番安い酢でいい。そのまま焼くと、酢のきつさは飛んでうま味だけが残る。刻んだ玉ねぎやトマトを散らし、オリーブオイルをちょっとふりかけ、パセリや好みのハーブなど散らせば素晴らしいつまみになる。

―追記―

魚のしゃぶしゃぶはサーモンでやってもおいしい。

無理なときは無理しないにたどり着くまで

私が高校生ぐらいのとき、世の中は空前の「イタめし」ブームだった。「イタリア＋めし」でイタめし、と真面目に説明するのもなんだか恥ずかしいけれど、本場イタリアの料理が怒涛のごとく日本に押し寄せ、紹介されていた時代。パスタという言葉が世間に浸透したのもこの頃、１９９０年前後じゃなかっただろうか。

まちのカジュアルな洋食レストランもどんどんイタリアのパスタ料理をメニューに取り入れていた。カルボナーラ、アマトリチャーナ、ペスカトーレなんてパスタ名の響きに心も躍り、「食べてみたい、作ってみたい！」と料理好奇心をいたく刺激されていたのを思い出す。

何で知ったのかは忘れてしまったが、あの頃から「ディ・チェコ」のパスタがちょっと高級な食品店では買いやすくなっており、その特別感に私は魅せられた。使いこなす腕も無いのに「これを使うとひと味違う」なんて思って、金も無いのに購入していたなあ。まだまだ通販が手軽ではない昔のこと、パスタはもとよりケイパーやドライトマトひとつ手に入れるのも大変だった。だがバイト代が入るたび、未知の食材を買って実際に触れてみるのはドラゴンクエストで強力アイテムをゲットしたときのような喜びと感慨があったのだ。しかしあの頃はいまのように簡単にレシピが手に入る時代でもない。漫画『クッキング・パパ』のレシピや母の料理本を頼りに作っていた。そして毎週のように不出来なパスタを食べさせられた親はさぞつらかったことだろう……。

時は流れて大学時代、社会に出てからも順調に趣味の料理を楽しんでいた。そう、ずっと料理は趣味だったんである。つまりは気が向いたときだけの料理であり、時間も手間もかけられるときに料理はするものだった。

それが40歳になってツレと暮らし始めて炊事担当になる。料理は日常となった。人生で初めての共同生活、作りたくないときでも私が作らないと食事は始まらない。テイクアウトや外食もしてはいたが、毎日そうするわけにもいかない。料理がすぐにつらくなった……！

なぜか私は「趣味でやってるレベルの料理で毎日やらなければいけない」と勝手に思い込んでしまったのだ。誰にそうしろと言われたわけでもないのに。品数もそれなりに、栄養バランスもよく、食材もしっかり使いまわして、飽きさせないよう献立を構成していかなければ……私は料理が好きで得意なのだから——と、振り返ってみれば妙なプライドに拘泥していただけだと思える。

料理が得意というより、実際は得意な料理が20とちょっとぐらいあるだけだった。あれこれ切り盛りしながら毎日料理する経験なんてゼロ、いきなり出来るわけがない。すぐにネタは尽きてマンネリに陥り、自信喪失。次第に同じようなものばかり出してしまう。「ちゃんとこなせてない」

と自責しては罪悪感を心に積み重ねてしまい、どんどん憂鬱になっていった。

この重たい状況から逃れたいなんて思って、ある日時計を見たらちょうど15時。あと2時間ちょっとでツレが帰ってくるんだなと思ったら飲みたくなった。ビール缶を衝動的に開けてしまう。どうかしている――怖くなった。ひと口で止めて食事の用意をして、帰ってくる前に歯を磨いた。

「私は1食の用意が出来るのだから、それを毎日やればいいだけ」なんて甘い考えの先に待っていたのは大きな落とし穴。「家事としての料理を担当すること」は、買いものから片づけまでを含むあまりに複合的な仕事で、近づいてみるまで実態の大きさにはまるで気づけない。そう、気づけなかった。

「疲れたのなら、休めばいい」という簡単なことにすら気づけなくなっていく。これが怖い。実際に疲れ切ってからでないと「やらない」は選択肢として選びにくい。しかし人間は困ったもので、疲れているときに「自分が疲れ切っている」とはなかなか気づけないのだ。

「なんか……毎日無理して作ってない？」と、ある日ツレが問う。

そう、私は無理をしている。なんのために？　自分がこういう食事を出したいという理想のために。それは誰かに求められていることなのか。続ける意味はあるのか、なぜ私は続けたいのか？

ツレは私に何を求めてきたわけでもない。「無理せんでね、なんでもいいし、大変なら食べに行っていいんだから。いつもありがとう」と理想的な応対をしてくれる。私の「料理しないという選択の自由」を冒してくるようなことは一度もなかった。そんな人だからこそ、ごはん作り〝さえ〟ろくに出来ない自分が申し訳なかった。おいしいものを用意して迎えてあげたかったし、またそれを余裕でやっていると思われたくもあったのだ。

見栄っぱりだったのだ、私は。そして家事における料理なんて「さしてむずかしいものでもないだろう」という偏見があったことを認める。家事として料理を毎日続けるのは、非常に困難なことだった。だから、うまく出来なくてもしょうがない。出来る日はやる、無理そうな日は「無理をしない」を基本にしよう。でも食事は必要だ。ならば自分ならどうするか……と考えていった結果、料理に対して自由なアプローチが次第に出来るようになってきたと思う。自分のキャパシティを知ってから、自分が出来ることの範囲と具体性が見えてきた。

「作らない日」もあれば「ちょっとは作る日」もある。完全に作らないときは、そのときの予算に応じてインスタントや弁当や外食を利用する。ちょっと作る日は、ごはんだけ炊く。あるいはごはんと味噌汁だけ作る。このとき、おかずは何を用意しておくか。冷凍おかずやレトルトで、味と量の気に入ってるものを見つけておくと、かなり心強い存在となってくれる。適当に選んでいると、いざ頼ったときにあんまり楽しくない。なんだかんだ「作らない」というジャッジをしたときはいささかの後ろめたさが残るものなので、食べたとき「お！　やっぱり○○はおいしいなあ」と思いたいのだ。

ごはんだけ炊いた日は、よくレトルトカレーのお世話になる。いきなりだが、ここで私の個人的おすすめレトルトカレーを書き添えておきたい。

・新宿中村屋「インドカリー ベジタブル」
野菜の甘みにあふれて体がホッとする、やさしい味わい
・新宿中村屋「インドカリー国産骨付きチキン」
チキンたっぷり、お店みたいな肉のボリューム感がうれしい
・エスビー「噂の名店 エリックサウス 南インド風チキンカレー」
スパイス感がリアルであざやか、レトルトの進化を思う
・エスビー「カレー曜日 中辛」
値段的には200円台で買えることもある中では驚きの品質

この4種は常備してある。大体300円台で買えるものばかり（2024年8月現在）。よく利用するものだから値段も大事なのだ。レトルトスープならMCCという神戸のメーカーの「モーニングスープシリーズ」がいい。成城石井などで買えるが、ここのボルシチやミネストローネ、白いんげん豆のスープなどは切らさないようにしている。手作り感があって、野菜をしっかり感じられる。大体1パウチ200円前後で買えると思う。この価格帯のレトルトスープの中では傑出した品質だ

と思っている。クラムチャウダーもおすすめ。ちょっと味が濃いと思う方は牛乳や豆乳を少々足して温め直すのもいい。

以前はレトルトや冷凍食品に頼るなんて手抜き、と思ってしまう自分もいた。でも手をかけられないなら手を抜くしかないじゃないか。その抜いた手は疲れた自分を休みほぐすために必要なのだ、といまは思える。自分を擁護出来るようになって、私は成長したと思う。自分の出来る範囲でいいのだ、ツレと私がよければそれでいいのだと悟れるまでにはちょっと道のりがあったけれど、「通らねばならない道」だったと思う。

私なりの〝半〟作りおき、そして使い切り術のあれこれ

何度か試してみて、「おかずの作りおき」は性に合わないと分かった。何しろ食い意地が張っているので、「〇〇が食べたい！」と思ったらもう我慢出来ない。食べたいものが浮かんでしまったのに、おかずが冷蔵庫にあると「あっちを早く食べないとな……」なんて思って重荷になる。作りおいて、翌日、翌々日と手が伸びなかったときには申し訳ない気持ちにもなり、傷んでたらどうしようと心配にもなる。ああ、こんな自分がうっとうしい。いつしか作りおきはやめてしまった。ただ、おかずと汁ものを作るときは「1度に4人前」を基本にしている。作ったらふたりで食べて、2人前が残る。そうすると「おかずや汁を1回作らなくて済む」というのが私の場合は結構な安心感になるのだ。取材で家を空けることも多いので、冷蔵庫に入れておけばツレが食べたいときに食べられる。

作りおきはしないが、「下ごしらえだけしたものを冷蔵庫に入れておく」ということは多くなった。といっても、大したことじゃない。青菜を水洗いして、冷水を張ったボウルに20分ぐらいお

く（こうすると水分を吸って、シャキッとした張りが戻ってくる）。葉と茎に切り分けてゆがき、水気を軽く切ったものを容器に入れて、冷蔵庫に入れておくだけ。生のまま冷蔵庫に入れておくと、鮮度はどんどん落ちてしまう。買ってきてすぐゆがいておけば、状態のいいまま3〜4日は楽しめる。小松菜やちんげん菜、ほうれん草、菜花でやることが多い。ここから思いつきであれこれ加工できる、という状態がいいのだ。味噌汁やスープ、ラーメンやうどんの具、あるいはナムルやごま和えなどにして活用している。

なすは5本ぐらいのセットで売られることも多く、使い切れないこともあるんじゃないだろうか。皮をしまめにむいてからぴっちりラップをして、500Wレンジで小さめ2分、大きめなら3分ほどかけて、粗熱が取れたら冷蔵庫で保存、冷たくして食べるのは73ページにも書いたが熱々で食べるのもおいしく、私はおろししょうがとオリーブオイル、塩で和えて食べるのも好きだ。

使い切れないというと、よく挙がるのがキャベツ。簡単に消費するなら食べやすくカットしたキャベツとソーセージ、玉ねぎなどと一緒に鍋に入れ、ひたるぐらいの水とコンソメの素で煮て、ポトフ風にしてしまう。ブロッコリーやいんげん、トマトを入れてもおいしい。ここに厚揚げや糸こんにゃくを入れて洋風おでんにしてしまってもいい。ごはんのおかずにしたい人は、ひと口大に切ってからソーセージや玉ねぎと一緒に、味噌汁にしてみてほしい。出汁要らずで、とてもおいしくなる。おかず味噌汁という手立てを覚えると、食事をミニマムにしたい人なら生活はググッとラクになっていく。

副菜にするなら、太めのせん切りにしてから耐熱容器に入れ、オイルタイプのツナと混ぜ和えて500Wレンジで2~3分加熱し、キャベツがくたっとなったら塩少々で和えるのもよくやる。ここに細切りにんじん、コーンなどを加えると華やかさがグッと増す。手軽に一食にするなら、ざく切りにして好みのパスタと一緒にゆで、水気をしっかり切ってから、レトルトのパスタソースで和えるという手もある。たらこソースやボンゴレなんてよく合う。レトルトに野菜を加えると味がやさしくなり、フレッシュ感も増していいものだ。

レトルトに野菜を足すのは本当によくやっている。キャベツに限らず、余った野菜類全般、そして肉類など、使い切れない場合はゆでておいて水気を切り、容器に入れて冷蔵しておく。レトルトのカレーやシチュー、スープなどのお世話になるとき、それらを適宜加えれば手作り感と栄養もアップする。こんなひと工程で食事の満足度はかなり上がる。


白菜は鮮度がよければ生でサラダにしてもおいしい。細めに切って、オリーブオイルと塩こしょう、レモンひとしぼりで和えるなんてサラダは洒落た一品になる。細切りハムを加えてもいいし、クレソン、あるいはオレンジなんかを足すのも私は好きだ。

大根なら、私は使わない分も先に水煮にしてしまう。皮をむいて大きめの輪切りにして柔らかくなるまで煮て、汁ごと冷蔵庫で保存。あとから食べやすい大きさに切って汁ものや煮ものに加えたり、おかゆの具にしたり。先に水煮にしておくと味も染みやすい。

一気に使い切りたいときは、皮をむいて乱切りにして、しっかり塩をもみ込んだ豚スペアリブか牛すね肉、厚切りしょうがと一緒に水から煮てアクを取りつつ20分で完成のスープがいい。時間をかけてもいいなら、一度冷まして弱火でもう10〜15分やさしく煮るとよりおいしい。お酒や醤油を好みで入れてもいいが、ちょっと素気《そっけ》ないぐらいの塩気で食べるのがおすすめ。自分をすぐに満足させないおいしさを見つめてみるのもたまにはいいものだ。玉ねぎを一緒に煮てもいい。


使い切れない、ということは料理する多くの人の悩みでもある。

「何度か食材をだめにしてしまったのが小さくトラウマで、またやりそうで怖いんです」

「だからあまり料理に積極的になれなくて」

「経済的に生活したいと思って料理を始めたのに、結局使い切れず不経済になりがちで……」

といった思いを抱いている方は、本当に、本当に多い。あえて言おう。使い切れないぐらいで、自分を責めないでくれ。私も使い切れないことがいまだによくある（やっぱり大きな声じゃ言えないけれど）。うっかり冷蔵庫や野菜室の奥のほうに追いやってしまい、悲惨な状態で発見するときは毎度息が止まる。ゾッとする。あの罪悪感は、何度体験してもいやなものだ。ものをダメにしてしまったという後悔。ごめんなさい、とつぶやきながらごみ箱に入れる。そういうときに限って気がつけばツレが後ろにいたりする。またあいつは勘が異様によくてニヤッとしながら「どないしたん」とすぐ聞いてくるんだ……。

「作りたいものを作って、余り食材だけで何かしら作る」を繰り返せば使い切れないものは生まれないわけだが、人間そんなにいつも賢くはいられない。私もこれまでイージーに「余った食材は味噌汁か、コンソメか鶏がらスープで煮て汁ものにすれば大抵はOK」だの「カレーって本当に何を入れても大体おいしいからやってみて」と書いてきてしまったが、料理をあまりしてないうちは「やったことのないことをやる」のは相当にむずかしいことだ。味噌汁ひとつとっても「入れたことのない具を入れる」って心理的抵抗がかなりあると思う。抵抗があると、いざ作ってみてもあまりおいしいと思えないもの。無理はなるたけ生活から排除する、が私の生活信条だ。抵抗を感じたら、やらなくてまったく構わない。

ただ「こんな味噌汁もおいしいよ」的な思いを込めて、私がやってみた中でおいしかった組み合わせをザッと挙げてみたい。つるむらさきと油揚げ、トマトとキャベツ、ちんげん菜とえのき、にらととうもろこし、きくらげと長ねぎ、ほうれん草と豆腐と桜えび、白菜と厚揚げ、ブロッコリーと玉ねぎ、かぶときのこと鶏ひき肉……いずれもなかなかおいしかった。気が向いたら、試して新しい味に挑戦してみてほしい。豆腐はきちんと角に切ってもいいが、手でくずすと豆の味が汁に混じってやさしい味わいになる。するする口に入ってくる感じも快い。

ちょっと変わった味噌汁の例、SNSに上げていると「おや、おいしそう。そんなのもアリなんだ」と思ってくださる方がわりといらっしゃる。「作ってみました、おいしいもんですね！」なんてリプライをたまにいただくと、とてもうれしい。こういうのもアリなのかと思える機会が一度でもあると、じゃあこんなのも入れてＯＫかな、やってみようかな……という次の行動に繋がりやすい。そんな日常料理の新しいきっかけを作ることに、私は生きがいを感じてきている。

お弁当から考える「ちゃんと作る」ということ

年下の知り合いから、お弁当に関して相談を受けた。

「お弁当生活にしたいんですが、なかなかうまくいかなくて。ちゃんと作る日もあるけど、面倒でやめちゃう朝も多いんです。どうやったら、うまくいきますかね？」

外食はやっぱり高いから、お弁当を持参したいとのこと。私はまず「ちゃんと作らなきゃ、ダメ？」と答えた。雑誌に出てくるようなお弁当をイメージしていないだろうか。メインのおかずがあって、副菜の野菜おかずがあって、彩りよく生野菜やフルーツなんかも配されているような絵になるお弁当を。弁当生活とは、そういうのを作るものと無意識に決めてかかってはいないだろうか。いや、もちろん何を作ろうと自由なんだが、そういうのイコール「ちゃんと作ること」と思ってしまうと、作れない日には「自分はちゃんと出来ない人間なのだ」と思うようにもなってしまう。これは、つらい。弁当は単に「自分の1食分の食糧を運ぶこと」とシンプルに考えるところからスタートしてほしい。

・どこまで作るのか

全部作らなくたっていいのである。ごはんだけ炊いて弁当箱に詰め、会社にレンジがあればレトルトカレーやレトルト牛丼の具を持っていってもいいのだ。コロッケを買ってきて詰めたっていい。面倒な日はごはんと納豆とゆでたまごだけ持っていく、なんて人もいる。自分がよければそれでいい、ということをまず確認したい。

・選択肢は4つ

とりあえず、米を主体にして考えてみよう。

①ごはんもおかずも買って弁当箱に詰める

②ごはんは炊く＋おかずは買う

③ごはんは炊く＋おかず1品だけ作る

④ごはんは炊く＋おかず2品かそれ以上作る

私は以上の選択肢から、用意する日の気分と状況に応じて考えていた。会社勤めのツレに数年間弁当を作っていた時期、基本的には「ごはんは炊く＋おかずは2品」をベースにしていたけれど、それ以上作れる日、作りたい日は自由に作り、献立が浮かばない日や面倒に感じられてしまう日は、やることを最小限にした。文字にしてみるとごく当たり前のことだが、実際自分が作る立場だとなかなか自由には考えられないもの。人間はなぜか「ちゃんとやらなくちゃ」と考えてしまいがちだ。

・ちゃんとやるべきことってなんだ？

日々のごはん作り、大切にしたい部分も人それぞれだろう。あなただったらどんな部分を大切にしたいだろうか。

私は弁当を作り続けてみて、朝に手早く作りたいとき、味つけの上でめんつゆや白だしってなんて便利なんだろうと実感した。すぐに味が決まるありがたさ……しかもごはんを呼ぶ味つけに。こういうのは経験したことがなかった。そして冷凍食品のおかずや冷凍野菜もありがたいことこの上ない。ただ、こういうものを利用すると、世の中には「手抜き」なんて声の上がることもある。さて、こういうものを使うことは「手抜き」で「ちゃんとしてない」のだろうか？

答えは作る人の数だけある、というのが私の考え。その答えを得るためには自分にとって「しっかり手をかけてやりたいこと」と「そうでもないこと」と「どうでもいいこと」はなんだろうかと考えてみたい。考えてみると、「あれ、そもそも私、なんでちゃんとやろうと思い込んでいたんだろう……」と気づくことも。「ちゃんとする」という呪いを自分にかけていないだろうか？

私がたどり着いた弁当作りの形は以下のようなもの。

・炊いたごはんは切らさない（余裕のあるときにまとめて炊いて、3食分ぐらいを冷凍しておく）

・卵は切らさない（困ったら玉子焼きかゆで玉子を1品にする）
・冷凍のから揚げとしゅうまいは切らさない（困ったらどっちかを入れる）
・冷凍野菜をチンしてマヨかめんつゆで和えればおかず1品はどうにかなる

いざとなったらこれらに頼ればいいというものが見つかり、弁当作りはグンとラクになった。料理することと、日々弁当を用意することはまったく別の能力や割り切りが必要だということを学んだ。「冷凍から揚げに玉子焼きの組み合わせ、こないだもやったばかりだな……」なんてときでも、ごはんに小梅をのせたり黒ごまを散らしたりするだけで見た感じはわりと変わる。それにうちのツレはから揚げと玉子焼きが好きだからいいのだ、日々弁当を用意しているだけで私は銅像が建つぐらい偉いのだ……なんて開き直って考えられるようにもなった。最初の頃は同じようなものを作っていることに罪悪感も覚えたのだけれど、同じ人が作ってるんだからしょうがない。

コロナ禍に入ってツレは完全リモートワークになり、弁当を作ることはなくなったが、いまでも冷凍野菜のお世話にはよくなっている。皮をむく、刻むそのひと手間を省けることがとてつもなくうれしく、助かる日だってある。おいしくて便利なものがたくさんあるのだから、使わない手はない。冷凍ブロッコリーはチンしてマヨネーズで和える、薄めた白だしに浸しておひたしにする、というのをお弁当時代は本当によく作っていた。あっという間に1品出来るうれしさよ。今ではシチューやパスタの具材によく使っている。

揚げなす、なんて冷凍野菜もある。これとブロッコリーを一緒におろしぽん酢で和えるのは定番の即席つまみ。むいてある冷凍里芋も便利だ。ささがきごぼう、なんて冷凍野菜もあり、一緒に煮ものやカレーにするとなかなかおいしい。冷凍ほうれん草はクリームスープの具にとてもいい。レトルトやインスタントスープを利用するとき、栄養アップのためひとつかみをチンして加えている。刻んである冷凍オクラは夏場によく使う。つゆにそのまま入れたら食べられるので、海苔と一緒にそうめんとか、サラダうどんに加えるなどすると野菜量を手軽にアップできる。あと、これはアイディアつまみだが、私はほぐしたたらこや明太子と冷凍オクラを和えて1品にする。夏の肴《さかな》としてなかなかいいものだ。

30代まではじっくり手作りする楽しさやおいしさを追いかけていたが、40代はほどよく省力する、時には思いっきり脱力する方法と考え方を身に着け、実践した時期だった。やりたい日、やれる日にはやればいい。何度も書くようだが、出来ない日は無理をしない。ごく自然なことである。この自然な状態になれるまで40数年かかってしまったが、ほどよく肩の力が抜けていま、とても気持ちがラクである。「何周目かで人生ラクになった、生きやすい」なんて表現をする人がいるけれど、私はいま人生何周目なんだろう。ようやくマイペースがつかめてきた。30代までは助走だったんだな。

台所の思い出話③

ツレと暮らしてもうじき10年目に入る。ツレはとにかく、なんでもすぐしまいたがる。ものが出ているのがイヤなのだという。台所もしかり、置いてあるものは最小限、いやほぼ無い状態がデフォルトでありたいというタイプ。私は真逆で、よく使うものはすぐ手が届くところに置いておきたい。一緒に暮らし始めた頃は私の好きなようにやらせてくれていたが、だんだんひとつ、ふたつと、しまわれていった。

「ここに置きっぱなしじゃダメ？」

「ダメじゃないけど、ここから出すのでも変わらなくない？」

確かに、私がすぐ取り出せるよう考えて鍋やら調味料やら収納してくれているので、調理中に不便を感じることはなかった。あやつは収納上手なんである。だんだんと私も、すっきりとした台所の風景が好きになってきた。

よく考えてみれば、こんなにヘラやらを出しておく必要もないな……フライ返しなんてごくたまにしか使わないし、しまうか。などと考えつつゴソゴソやっていると、後ろでツレがほくそ笑んでいるのを感じるが、まあいいや。
ものをあまり置かなくなったことで、「拭きやすい状態のキープ」が簡単になったのもよかった。水回りとコンロ周辺を拭きたいときにサッと拭けるというのは、かなり気持ちがいい。ついでに冷蔵庫やレンジ、食器棚などもセスキ片手に拭いてしまう。マグネットでちょっとしたメモやレシピを壁に貼るのもやめてしまった。トマトソースや味噌だれを作った後、炒めものをした後、周囲をサッとひと拭きしやすいのがいい。別に潔癖症でもないのだが、台所がツルッと小ぎれいになっているのと気持ちがスカッとする。ひとりでいたときよりも、台所は格段に居心地がよくなった。

台所の引き出しには、昔から使ってきたものが詰まっている。大学1年生になる春に母が持たせてくれたごはん茶碗は、もう30年選手だ。意匠的には別に気に入ってもいないのだが、やっぱり手放せない。手に取ると、買ってくれたとき「ちゃんと毎日ごはん食べるんだよ」と言った母の声がよみがえる。10代のときから使っているうつわは、これともうひとつしか残っていない。この醤油さしは愛媛を旅したときひと目惚れしたんだよな。素敵な店だった。手に取ると、あのとき店にいた猫のきれいな瞳を思い出す。あの小皿は大好きだった居酒屋さんが閉業されるとき分けていただいたもの。よく髙田渡がＢＧＭにかかる店だった。そして棚の見えやすいところに置いてあるのは、はじめての単行本を世に出せたとき記念に買った青い中鉢。少し高いけど無理して買ったんだった……と、挙げていけばキリがない。

台所の引き出しは、私にとってアルバムのようなものだ。台所に詰まっているあれやこれやを手にするたび、「これはあのときの」なんて思い出がよみがえり、穏やかな気持ちになれる。多少疲れていても料理するうち元気になってくることも多いのだが、それは台所のあちこちに配された馴染み深いものものが、私に少しずつ英気を送ってくれているのかもしれない。

ハワイの名物料理ポキに学ぶ

ハワイの名物料理のひとつに、ポキ（poke、ポケとも呼ばれる）というものがある。ポキとはもともと「切り身、小さく切ったもの」のことだそうで、現在では味つけされた生の魚介料理の総称ともなっている。あちらのデリやスーパーに行くと、まぐろやサーモンなどを使ったポキがずらりとカウンターに並び、種類の多さには驚かされた。アメリカはじめ日本、韓国、中国、ポルトガルなど多くの国から人々が移り住んできたハワイらしく、風味づけも各種ドレッシングから味噌やごま油、オリーブオイルなど多彩を極め、なんでもアリの世界なのだなあ……と興味深く眺めてしまう。丼ものにする「ポキボウル」も人気で、専門店に行けば注文の仕方がとても分かりやすい。最初に「Make your own bowl（あなただけの丼を作ってみましょう）」とあって、以下の順に選んでいく。とある店の例を書き出してみたい。

ステップ1　サイズを選ぶ

SかMサイズか

ステップ2　ベースを選ぶ
　白米、玄米、麺、ミックスリーフ
ステップ3　プロテインを選ぶ
　マグロ、サーモン、たこ、えび、ほたて、豆腐
ステップ4　味つけ
　ドレッシング、ぽん酢、わさびマヨ、スパイシーマヨ、スイートチリ、醤油
ステップ5　トッピング
　ガーリックチップ、オニオンチップ、しょうが、わさび、ミックスナッツ、
　アボカド（プラス2.5ドル）、マンゴー（プラス1.5ドル）

量を決め、炭水化物を決めて、次にプロテイン（たんぱく質）を何にするかという問いが明快で分かりやすいなあ……と感じ入った！　主菜を何にするか、というより「たんぱく質は何でとるか」とシンプルに問われてくるこの感じ、えらく新鮮に思えて心に響く。日頃○○が食べたいとい

う気分や嗜好ばかりを優先してきたが、「たんぱく質を補給する」という食事の使命のひとつを再確認させてもらったような気になる。私はこれまで漫然とたんぱく質をとってきてしまったな……とひとりホノルルの街角で後悔めいた気持ちをつぶやきたくなってしまった。

ステップ2の炭水化物のところにはミックスリーフが選択肢のひとつにある。つまりごはんは無し、シーフードサラダにも出来るわけだ。ごはんは無しにできても、たんぱく質は必須。ステップ3を飛ばすことはポキの存在自体を否定するに等しい。「プロテインをとらないで1食にするのなんてありえないですよね？」と言われているかのよう。

うーむ……中高年になって「もっとしっかりたんぱく質をとっていかねば」と思っていたところに、ガツンとやられた気分だぞ。食も細くなりがち、あるいは炭水化物ばかりとりがちな中高年、気をつけて筋肉のもととなるたんぱく質をとっていかねばだ。

ポキはとにかく自由で驚かされた。先の「ステップ4 味つけ」のところを見てほしいが、わさびマヨネーズやスイートチリソースを刺身と和えることはなんとなく思いつけそうだが、それをごはんに合わせるチョイスは自分じゃ思いつけない。まぐろやえびで試してみたらおや……なかなかいけるじゃないの。ものは試しだなあ。たことアボカドのスイートチリソース和え×ごはんなんて、新鮮なおいしさだった。かば焼きのたれで赤身のまぐろやかつおを和えているお店もあり、これまたおいしい。考えてみれば合わないわけがない。ちなみにハワイのデリではポキやおそうざいを試食できるところもあり、いろんな味わいを知ることができる。白米や玄米以外だと、タコスやトルティーヤチップスなどの炭水化物と刺身を合わせるお店もあるよう。焼いたり揚げたりした餃子の皮にのせる人もいるらしい。

魚介の味つけは、日本人が好みそうな醬油ベースのいわゆる「ヅケ」的なものから、コチュジャンがきいたものがあったり、にんにくやごま油で和えたものもあったり。こってり風味もの、特にマヨネーズを使ったポキは玄米ともよく合っていた。う――――ん、自由だ！　作ってみたい料理の幅が広がるなあ。なまじ日本で丼文化を身近に育った分、自由に丼ものを発想できなくなっている自分にも気づかされる。

ハワイのあのポキの店で見た、「Make your own bowl」スタイルはいまも役立ってくれている。ごはんや玄米を炊いて、茶碗によそったら「ステップ3」だ。きょうのプロテインは何でとろうか、と冷蔵庫を開ける。簡単でおいしいたんぱく源なら日本にもいっぱいある。しらすやちりめんじゃこ、豆腐に厚揚げ、そして納豆。すじこにたらこに明太子……は塩分強めなので量はほどほどに。「しらす納豆たまごかけごはん」なんてのも、うちの定番ポキボウルである。しらす適量に納豆1パック、卵1個をのせ、納豆のたれでいただくだけ。これをやると朝から実にぜいたくな気分になれる。きざみ海苔や青海苔をかけるとさらにおいしい。いつものごはんは小ぶりな茶碗に入れているが、ポキスタイルでのっけ丼にするときは、直径が13・5㎝、深さが6.5㎝程度（高台部分を入れない）の小どんぶりを使用している。このぐらいが盛りやすく、食べやすいサイズだと思う。のっけごはんは洗いものが少なく済むのもいい。

もっとポキっぽく自由に遊んでみよう。ごはんの上に刻んだレタスやオニオンスライスを散りばめる。刻んだブラックオリーブとトマトも散らし、オリーブオイルと醬油少々で和えたしらすをたっぷりとのせ、軽くマヨネーズをかければできあがり。ごはんを冷たくしてライスサラダにしてもいいし、あるいは豆腐の上にのっけてもおいしい。試してみてほしいのだが、醬油とオリーブオイルは相性良しなのだ。ガーリックチップやフライドオニオンをのせたらビールを開けたくなる。

「〇〇はこうやって食べるもの」という思い込みが少なければ少ないほど、日々の料理は自由になると何度も書いてきたが、常春の島ハワイで知ったポキに「お前もまだまだ決めつけ多いよ」と教えられた。

冬の原稿の伴走者、煮込み料理

あんみつ屋さんってのは日本語の中でもいい響きのものだと口にするたび思う。いわゆる甘味処にはたまに行きたくなる。夏ならクリームあんみつや冷やし汁粉、冬ならお汁粉をどうにも食べたくなるときがあるのだ。いい店はいっぱいあるが、人形町『初音』や上野『みはし』『つる瀬』といったお店が好きで訪ねている。だが今回の話は甘味ではなく、お雑煮のことから。

甘味処はお雑煮をおいているところが多い。あれはどの程度ニーズがあるのだろう。甘味処でお雑煮を食べてる人を私はこれまで見たことないのだが、メニューから消えないということは一定数ファンがいるのだろう。雑煮は私も大好きで、お正月の三が日以外でもよく作る。というと「めずらしいですねえ」と言われてしまうが、手軽に1食とりたいとき、餅（炭水化物）、鶏やかまぼこ（たんぱく質）、青菜（ビタミン類）という関東雑煮の三部構成はすごくいいと思うから。餅入りスープの感覚でもっとカジュアルに利用したい。正月雑煮じゃないんだから、お決まりにこだわる必要もない。さつま揚げにちんげん菜に餅とか、ちくわに小松菜と餅とか、三部構成の組み合わせも自由に替えて楽しんでいる。鶏ささみと玄米餅なんてペアはヘルシーな感じでいい。芽キャベツにベーコンや大根と餅でコンソメ煮、なんて洋風雑煮もおいしい。豆餅でやるとまた違うおいしさがある。餅は冷凍しておけば長持ちするし、炊く手間がないのも魅力だ。

汁ものや鍋にも青菜は欠かせないが、冬の青菜なら断然私は「ちぢみほうれん草」が好きなんである。ちょっと語らせてほしい。ちぢみほうれん草がスーパーの青果コーナーに並び出すと、うれしくて「今年も来たか」とその場で声が出てしまう。名前のとおり葉が縮んでいるほうれん草なんだが、その葉は肉厚でやさしい甘さに富み、ほうれん草的なえぐみはごく少ない。ゆでた葉をたっぷりおすましに入れると実においしい。雑煮の青菜にして、濃いめの出汁を含んだところで柚子皮の刻んだのをのせ、ちょい焦がした餅を包んで食べるとああ……なんとも幸せな気持ちになれる。

ちぢみほうれん草は地を這うように育つので、どうしても土が付く。買ってきたら大きいボウルに水を張って浸け、振り洗いしてしっかり泥を落さなくてはならない。ここは手間だが、好物なんだから仕方ない。まずは鍋にしようか。えぐみが少ないので、私は洗ってそのまま鍋に使っている。

かきとちぢみほうれん草をバターソテーにするのも最高においしい。ちぢみほうれん草はかきに負けない存在感を見せてくれる。刻んだにんにくとかきを軽くソテーしたら、10㎝幅ぐらいに切ったちぢみほうれん草と、白ワインまたは酒少々とを加えてフタをして1〜2分おき、塩少々で全体を合わせれば完成だ。黒こしょうを挽いて、熱々のうちに食べてしまおう。口に味の余韻があるうち日本酒をグッと流し込んで、幸せなため息ひとつ。ああ、冬の旬を今年も胃におさめたぞ。

春はあけぼの的に言えば、冬は煮込みだ。厚手の鍋でじっくり仕込む煮込み料理の出番が年々増えてゆく。仕込んだら後は火にかけておくだけというのがいい。食材を刻んで水と一緒に鍋に入れたら一度沸かし、アクを取って弱火にして、あとはコトコト煮る。完成を待つ時間はささやかに楽しい。こういう時間を平和と呼ぶのだと思う。コンロに近いところで原稿を書き、行き詰まったら鍋の様子を見てひと混ぜしたり、味見をしたりするのがいい気分転換にもなる。煮込み料理は原稿の伴走者になってもくれてありがたい。

骨付き鶏肉と玉ねぎだけを塩で煮て、仕上げに別ゆでしておいたちぢみほうれん草をたっぷり添える。あるいは厚切りの豚肉をしっかり塩して（ときにクローブなんかも入れて）、大きく切ったきゃべつとにんじんと一緒に煮たのち、皿に盛ってからディジョンマスタードを付けて食べる、なんてシンプルな煮込みが最近は好きだ。私が住む関東ではなかなか気軽に買えるものでもないんだが、大阪育ちのツレが喜ぶので寒い時季に数度は牛すじを煮る。おでんや醤油煮もいいけれど、時にはちょっと変わった使い方を。私は牛すじをトマトとオレガノで煮込むのが好きなんである。牛すじは1度ゆでこぼしておく。食べやすい大きさに切り、乱切りにした完熟トマト、玉ねぎ、セロリと一緒にバターと塩で軽く炒めて鍋に移し、ホールトマト、ドライオレガノを加え、全体が浸るぐらいのトマトジュース、少々の醤油とケチャップも加える。後は牛すじが柔らかくなるまで煮込んで、全体がトロッとしたら完成。塩と黒こしょうで調味し、コクが足りなければバターを足す。オレガノがしっかり香るぐらい多めに入れるとおいしい。オレガノが使い切れなくて困ったときに思いついたレシピ。トマトと牛すじとオレガノが香り合って、軽い赤ワインのアテになかなかいいのだ。

煮込みが完成したら鍋ごとテーブルの真ん中に置いて、食事を始めよう。じっくり煮込んだ1品があれば、あとはチーズとパンぐらいがあればいい。と、いうような考え方も最近は大事にしている。1食のうち、ひとつ手間をかけるものを作ったら他の部分はなるたけ省力。日々の家庭料理を続けていくための知恵と胸を張りたい。

第五章

執着と無頓着

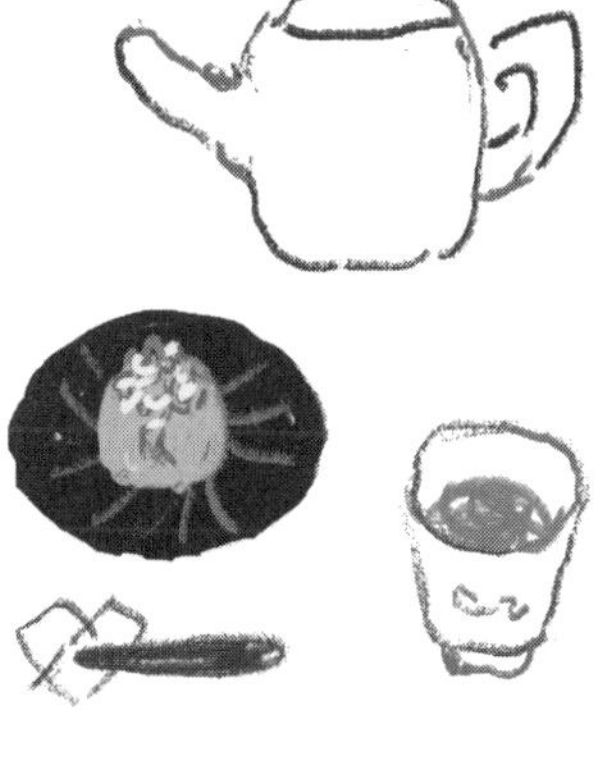

男達よ、もっと自分をいたわろう

「最近、何をしてるときが一番楽しいですか」

先日インタビューを受けていたら不意に聞かれた。そうだなあ……と考えてわりにすぐ浮かんできた言葉は「かけ湯」だった。

「かけ湯……ですか？」

「ええ。お風呂入る前にかけ湯するときが最高に気持ちよくて。2～3回でいいのに、つい何回もやっちゃうんですよ」

「そうですか……。じゃあ、次に楽しいときは？」

「打たせ湯ですかね、スーパー銭湯とかでの」

結構な勢いで上から出てくるお湯を肩や腰に受けてるとき、気持ちよくて我を忘れてしまう。頭頂に受けてるときなど気持ちよすぎてゴロゴロ鼻が鳴りそうになる。楽しい忘我の時間そのものなんだが、そういうことを聞きたいわけじゃなかったようで、早々に質問を切り上げられた。

後で考えてみれば食に関するインタビューを受けてたんだから「新しい食材と出合って使い方を

あれこれ考えているとき」とか「仲間と好きなお酒を持ち寄って寛ぐひととき」などの答えを期待していたんだろう。悪いことをした。

風呂に限らず、この頃「体の休め方・ほぐし方」ということを強く意識するようになった。書き仕事で同じ態勢を続けてると体が固まる、こわばってくる感じがするというのは別のページでも書いたが、「じゃあ、どうほぐすのか」をもっと考えないといかんな、という思い。この辺結構、切実なんである。以前は風呂に漬かってぐっすり寝ればリセット出来たが、最近は目覚めた瞬間「あれ、まだ疲れてる」なんて感じることもある。むしろ寝てる間に首などが凝って起きるなり揉んだりもする。そもそも朝までぐっすり寝られたらラッキーだ。出歩いて体も使って疲れているのに、いざベッドに入ったら眠れないことが増えた。クタクタなのに眠れないのはつらい。のび太がうらやましい。睡眠の質向上をうたったヤクルトの商品があれだけ売れたの、分かるなあ……。

いままでは「わりと元気」なことが普通だった。何もせず普通にしていればわりと元気だったので、ただしたいこと、しなきゃいけないことを何も考えずに出来ていたが、体調として「なんとなく疲労感」「ちょっとだるい」「どっか痛む」「どっか本調子じゃない」時間が長くなってきたので、以前のような「普通の状態」に近づけるためには自分の体をほぐしたり、心をしっかり休めたり、眠りやすい状態を作ったり、快適な調子に近づけてくれるものに頼ったりしなくてはならない。こういう行為ってまとめて言うと「養生《ようじょう》すること」、なんだと思う。そう、「養生」が生活におけるキーポイントになってきた、と実感する。「養生」って言葉の捉え方も人それぞれだと思うが、私は「自分を大切にすること」だと思っている。難しいことじゃなく、寒いときは体を冷やさない格好をする、暑くて汗をかいたときはしっかり水分をとるなど、ごくシンプルなことも養生だ。別のところで書いた「日傘を差す」「腹八分目にする」なんてのも養生の一環だと思うし、苦手な人とは無理につきあわない、気が向かない飲み会には行かない、なんてことも一種の養生だと思う。

若い時期は無理しまくっても平気だった。さほど若くはない時期に入っても無理はきいた。40代も終わりのほうになって中高年も佳境（？）に入ってくると、無理したらメンテナンスやケアが必須だ。つまりは養生がマストになってくる。まさに人生の更新期。そんな時期へ入ったことを早々に自認して、自分がいま抱えている不調と向き合い、その不調がなるたけ小さいうちに自分に合った対処法を見つけることが大事じゃないだろうか。そうすることで、生活の質は保たれていくように思う。

ちょっと話は飛ぶが、40代前半の頃に私はツレから腹巻きをすすめられた。そう、映画『男はつらいよ』で車寅次郎が着てる、あの腹巻きである。昔から私は腹を冷やしやすく下しやすい傾向にあって、ツレはそれを察してくれたのだったが、最初は正直「腹巻きなんていかにもオッサンくさいよ」と抵抗が強く、乗り気になれなかった。

「いまは素敵なデザインのもあるんだよ」

プレゼントしてくれた「ほぼ日」オリジナル腹巻きは確かにデザインがしゃれていて、寅さんチックな感じでは全然無い（寅さんごめん）。現代はいろんなものがあるなと思いつつ、試しに着てみたら……あったかい。何だ、この快適さ。フィットットト感もすごくよく、腹部が守られてる気がする。数日間試してみて快調を実感。次第に腹を下すことは少なくなった。冷えやすいんだから腹部を温めるという単純な対応。こんなことで私の積年の不調が改善するなんてなあ……と目を見張る思いに。小さい頃からどれだけ急な腹痛に悩まされてきただろう。カッコ悪いと却下せずに、もっと早く試してみればよかった。いや、そもそも対応策があるとも思わなかった。なんとなく「体質だから」と放置してきてしまった。

私はＮＨＫの『あさイチ』という情報番組が好きでよく見ているのだが、心身の不調や加齢による変化にどう対応するか、どんな対応策があるかというのがよく特集のテーマになっている。こういう特集を、もっと中高年男性向けに作ってもらえないかというのが近年の私の思いだ。*

マガジンハウスの雑誌『クロワッサン』は縁もあってよく書かせてもらったり、取材も受けたりするのだが、あの雑誌も中高年の心身不調対策をよく特集されている。男版の『クロワッサン』が欲しい。紙媒体でなくてもいい。女性向けはたくさんあれど、男性向けはなかなかない。男性向けと銘打つことでアクセスしやすくなる人は多いはず。

人間、不調であることに自分ではなかなか気づけない。例えば体が冷えている人は、芯からあったまるまで自分が冷えていることには気づけないものだ。冷え切った体に、人間は次第に慣れてしまう。慣れは怖い。男性だったら「男は冷え性などならない」なんて思っている人もいるのではないだろうか。性別関係なく冷えやすい人はいるし、冷えからくる不調を抱えることも多々ある。

仕事や家事やらの忙しさから、少々の不調で自分をケアしてはいられない人も多い。そのうち「不調であること」に慣れてしまい、それが「普通」になってしまう。同年代、みんなこんなもんだろうなんて流してもしまう。心身の不調を見つめるのが怖い、見たくない、認めたくないという思いもあるだろう。私と同年代の、昭和50年代以前に生まれた男達は、心身の不調を人に言うのはみっともない、恥ずべきことだ、という思いも強いかもしれない。弱いと見なされるのはいやだ、私は弱くない、まだまだ老いてなぞいない……。どう思うのも個人の自由だが、ちょっとしたことでグンと改善することだってあるのに、もったいなくはないだろうか。

私達はもっと自分をいたわっていい。いや、いたわろう。

『あさイチ』なんかを見ていると、ドラマティックに体型を変えるというのではなく、中高年の体型をそれなりに良く見せる着方とか、「いかにも隠してます！」というデザインじゃないのにスッキリ見せられる洋服の選び方とか、あるいは自分にあった色味の選び方とか、無理なくすぐに活用出来そうな女性向けの情報があふれていて、実用的でうらやましい。男性版も欲しいよとよく思う。

グレイヘアや薄毛に関しての特集なんかを見ていても同様だ。私も最近、鏡を見てドキッとする。年齢に応じたヘアケアやヘアスタイルの選び方、あるいはカラーリングに関することなど、専門家が解説してくれたらうれしい。

対策を教えてくれるのがありがたいのはもちろん、同年代の人々が「ああ、同じようなこと悩んでいるんだな」と分かるだけでホッとする。ひとりじゃないことが信頼性の高いメディアによって可視化されるとしたら、こんな心強いことはない。

『あさイチ』の話を続けてしまうけれども、ファッションのことにせよスタイルのことにせよ、「モテとか関係なく、自分がこうありたいから」という個の気持ちが尊重されている番組作りがいいなと強く思う。

誰かの視線を気にするわけでも、誰かに気に入られたいわけでもない。いまの体型じゃ、いまの髪型じゃ、自分がいやだから変えたい。「私がこうありたいと思う私」を大事にする。その上で専門家がアドバイスをする。これ、基本にしたい。とかく中高年男性用の情報はモテと絡めて記事にされがちなのだが、「そういうの、もういいから……」とうんざりな人も割にいるんじゃないかと思う。みんながみんな「ちょいワルおやじ」になりたいわけじゃないし、「そんなんじゃモテないぞ」的な脅迫ビジネスもたくさんだ。

1日の終わりに心身をうまくほぐすコツを教えてくれるような、疲れた自分を上手にチャージする方法をいろいろ紹介してくれるような、現代社会に根差した、中高年男性向けの地に足の着いた生活情報メディアが必要だと心から思うし、制作したいという夢もある。

私と同世代の男性はまだまだセルフメンテ情報に疎く、興味があってもリーチ出来ず、「老いまかせ」な人が多いと感じている。体調メンテといえばサウナに行って汗をかくか、たまにサプリか栄養ドリンクを飲むぐらい……という感じの彼らに、「こんなことやると、より快適になるかもよ」みたいな気楽な感じで情報を届けたいのだ。

もしも中高年男性向け生活情報メディアが出来たら、勝手な夢だが私は「おひとり様向け自炊術」なんてコーナーをプロデュースさせてもらいたい。50代、60代まで興味はあっても自炊に近づけなかった、続けられなかったシングル男性の多さを感じることが多く、彼らとごはん作りをうまく結び付けられたらと思うのだ。

食欲が湧かない人、食がグッと細くなった人向けのレシピや食べ方の工夫とか、カロリー少なめでも満足しやすいごはんのレシピ、老年期に向けて健康を維持したい人向けの献立の組み方とかはニーズもあるだろうし、詳しく語れる専門家もいろいろと知っている。あるいは料理教室に行ってみたい人に向けた情報、自己練習したい人に向けてミールキットの存在を伝える、または疾患を抱えて食事制限がある人向けの宅配食情報など、いままであまりなかった形の食情報をいろいろと詰め込んでみたい。

いまこの原稿はお灸をしながら書いている。生活情報誌のベテラン編集者から「セルフお灸、なかなかいいんですよ。私はやってみて快適」とおすすめしてもらい、早速試してみた。いやー、手軽に出来るキットがあるもんなんですね。値段も手頃。シール状になってて、肌に簡単に貼れる。「冷たいものを飲んだり食べたりし過ぎたときに」「疲れているのに寝つけないときに」いい、とされるツボなんてあるのか。まさに私が求めてるものじゃないか。指南書に従い、手探りでツボを見つけてお灸をオン。だんだん熱くなってくるが耐えられないほどじゃない。体のあちこちで熱さの感じ方が違うのも面白いぞ。

まだ5回ほどの体験だが、肩と首の凝りがちょっとよくなってきた気がする。効能は短期間で出るものじゃないだろうが、漢方薬のページで書いたのと同じく、「不調に対応している自分」というのがなんだか快いのだ。私は自分の不調をスルーしていないという事実だけでも、気分の上でちょっとの救いになる。これもまた私に適した養生法のひとつになってくれますように。

―付記―

生活の上でいろいろ頼りにするものが出来るのはいいことなんだけど、「すがりはしない」よう、気をつけている。頼りにはするが、すがらない。これ無しでは心配、いられないみたいになったら別のケアが必要になってしまうから。また肩こりでも冷えでも、本当に不調を感じたらすぐ病院へ。

病はセルフケアでは治せません。

＊『あさイチ』ではかつて男性の更年期や更年期障害のことも取り上げてくれたことがあった。中高年男性向けの生活情報もしっかり視野に入れて番組作りをされていることは理解しているし、今後も期待したいと心から思っている。

和菓子に惹かれていく

急ぐけど、慌てない。忙しいときほど、休みを挟む。そういうことがわりとうまく出来るようになった。昔は急いでいるとき、ひたすら急いでいた。原稿を書くにしてもキリのいいところまで一気に書かなければ気が済まない。用件があったら、すべてをこなしてからじゃないと気分的に休めない。「休憩なんてやること全部終えてから！」的な考えで突っ走っていた。

いまはある程度やって、ちょっとでも疲れや集中力が落ちたのを感じたら、5分なり10分なりと決めて仕事やタスクからしばし離れる。お昼が来たら手を止めて、昼食を取る。用件と用件の間には休憩を必ず入れる。そのほうがはかどるし、精度も落ちない。

体力が落ちたこともあるけれど、しっかり休む時間を作らないと、しっかり働けないとこの頃強く思うのだ。休憩中にはSNSを見ない。休むときは体と頭を休めることに専念する。なんて書くと真面目な感じがするが、ボーッとしているだけである。でも人間、ボーッとする時間ってものすごく必要じゃないだろうか。ボーッとする時間を無駄な時間と思うと生きるのがちょっとつらくなる。人間、どんどんボーッとすべきだ。

平日の午後にはほぼ毎日、15分ほど仮眠も取っている。休憩とは自己メンテナンスだなと思う。5分10分の時間を取るのが難しいときは、空を見上げて伸びをして、深呼吸している。空を見上げるなんてシンプルにして簡単極まることだけれど、気を入れ替えるのにすごく効果的だなと最近とみに思うのだ。

小休止のときにはお茶を淹れると前に書いたが、お茶うけのことも書いておきたい。年々、和菓子に惹かれてしまう。穏やかな深い甘さがいいのと、1個の量のほど良さがいまの自分に適している。そして和菓子全体のことをもっと知りたいという思いがつのっていく。きっかけは『和菓子職人 一幸庵 水上力』（淡交社 水上力 著、千葉望 文、堀内誠 写真）という本だった。東京都の茗荷谷にある和菓子店『一幸庵』のご主人、水上力さんの語る「和菓子」の世界と哲学に深く心打たれるものがあったのだ。

お菓子を食べれば口の中に甘さが残ります。これを私は「甘さの余韻」と名付けています。この余韻がおいしいお茶を飲みたいという欲求につながり、一服のお茶を喫すれば口の中で甘さの余韻とお茶の渋みが調和して、その瞬間に「おいしい」という感情・感激が生まれてきます。

（『和菓子職人 一幸庵 水上力』序文より）

私は、このおいしさをきちんと味わったことがあるだろうか。

「今、和菓子よりもむしろ洋菓子の方が日常的に好まれるようになり、和菓子は『非日常的』な存在になろうとしています」（同　序文より）

現代において、和菓子とお茶を楽しむ習慣のある人はどれだけいるだろう。淘汰と考える人もいるかもしれない。しかしそもそも「和菓子のおいしさ」を体験したことのある人が少なすぎるのではないだろうか。我が身を思っても、フードライターなんて名乗っているのに経験値が低すぎる。

この本の取材・構成者でもあるライターの千葉望さんは茶道を嗜み、食文化にも造詣が深い。親しくさせていただいており、和菓子の話になったとき、こんなことを言われていた。

「洋菓子にはひとつ600円、700円の値段を払う人はいても、和菓子ひとつにその値段は出さない人が多いでしょう。上質なものは、そのぐらいします。ぜひ一度、質のよい上生菓子を食べてみてほしい。和菓子を愛することは、小豆や米といった日本の農を守ることにも繋がりますから」

ああ、まさにと膝を打つ。デパートの地下でケーキを買ったことはあっても、同じフロアに並ぶ和菓子店で、季節の生菓子を買うことはほぼなかった。せいぜい、柏餅や水ようかんをその時期に一度買うぐらい。地味だ、洋菓子のほうがしゃれている、特別感が無い……などと決めつけてはいなかったか。

日本の食文化を礼賛する気持ちは人一倍あるつもりなのに、和菓子のことについて不明すぎる自分を恥じた。もち米や小豆農家のことを視野に入れて考えたこともなかったな……。恥じ入ること、いろいろ。

ともかくも積極的に食べていこう。私の仲間は食いしん坊ばかり、ちょっと聞けばどの道の愛好者も大体すぐに見つかる。彼らにお気に入りの店を教えてもらい、少しずつ訪ねては味わうようにした。また出張などの折、土地の方におすすめの和菓子を聞くと、地域の風習や歴史文化に繋がることも多い。各地の個性がより濃く見えてきた。

まだまだ訪ねたお店も少ないが、これまでに深い感銘を受けたお店を書いておきたい。愛知県名古屋市「川口屋」、稲沢市「松屋長春」、京都府京都市「鍵善良房《かぎぜんよしふさ》」、石川県金沢市「吉はし」のお菓子は特に忘れがたい。どのお店も素材の良質さがしかと感じられ、あんこや餅とはこんなにもおいしいものだったのかと目を見張った。極上の食感と上品な甘みの融合に心を打たれた。そういったもろもろの味わいが、いま確かに舌と鼻で感じたものが、す――――っと消えていく、その感じがまた美しい。フェイドアウトしていくまでが味なのか、と思わされた。星が流れて彼方に消えていくかのような、花びらが川に流れて見えなくなっていくかのような味の余韻。その余韻が消えないうちにお茶を楽しむ、という時間はまさに愉悦のときであった。

先に挙げたお店の中だと、京都「鍵善良房」には喫茶スペースがある。葛きりが特に有名なお店だけれど、季節の生菓子もぜひ味わってみてほしい。店頭で実物を見て「喫茶で食べたいのですが」とお願いすることも出来る。よいお茶、よいお菓子をセットで楽しむいい機会になるはず。店内の調度品、生け花なども目に楽しいので、観光の合間のひと休みにぜひ。八坂神社からすぐだ。おみやげには、しょうがのきいた黒糖菓子「黒板」もおすすめ。

また、こちらのご主人・今西善也さんが著された『祇園 鍵善 菓子がたり』（世界文化社）という写真集は眼福この上なく、和菓子の美的デザインを堪能するのにうってつけの一冊だ。和菓子における抽象・具象の美、繊細な色合い、そしていかにして季節感を表現していくかという洗練に圧倒される。今西さんによる和菓子とうつわの取り合わせも素晴らしい。日本の陶磁器、木工品、漆器っていいものだな、世界に誇るべきものだなとあらためて思わされる。

好きな和菓子をふたつ紹介させてほしい。

40代になって「ちょっと甘いものがほしいなあ……」と感じることが増えた。「ちょっと」というのがポイントである。昔はおやつにアイス1本でもよかったが、いまの自分にはトゥーマッチ。大福やどら焼きもいいけれど、もっとさっぱり軽い甘みがちょっとほしい。そんなときにいいものがある。

ひとつは「両口屋是清《これきよ》」の「二人静《ふたりしずか》」。和三盆糖のお菓子で、ひとつが薬指の先ぐらいの大きさだ。口どけが素晴らしく、なんともやさしい甘さで、くどさやべとつきとは無縁。疲れと一緒にちょっとしたストレスも運び去ってくれるような快感の甘さがある。

もうひとつは「菓匠 花見」の「白鷺宝《はくろほう》」なるお菓子。こちらはひとつが親指の先ぐらいあるだろうか。白あんをミルクコーティングしてあるんだが、はかなげな甘さというのか、もったりとせず軽くいただけるのがいい。それでいて後を引く。私はよく手みやげにも使っている。どちらも通販可能、ご興味があれば検索してみてください。

さて休憩が長引いてしまった、仕事に戻ろう。

友達も携帯もいらない

30代で決意したふたつのこと

この本は基本的に書きおろしなんだが、原稿を8割がた上げたところで編集さんから「構成的に喜怒哀楽の哀以外はあるんですが、哀が無いんですよねえ。何かないですか、白央さんの生活で、哀は」と言われてしまった。「心の弱み、みたいなもの」を書いてほしいという。気も弱いし、50歳手前にもなって収入も地位も無く、他の人からみたら哀れなところだらけだろうが、私の数少ない美点は「考えてもしょうがないことは考えない」という割り切りの早さである。持っていないもの、持ち得ないものを欲しがったって時間の無駄、自分が手に出来ているものを大切にするしかない。「人と比べたってしょうがない」という思いは年々強くなるばかり。

30代の頃にこういう考え方が身に着いた。達観しているようだが、人と比べようにも「まったく何もない」時代が長すぎて、自分は自分と割り切るよりほかなかったし、誰かをうらやましがっていたら自分がみじめになるばかりだったのだ。

仕事に関してはそれなりに努力していたつもりだった。仕事のないとき、唯一可能な自己投資は勉強しかない。貧乏なので仕事など選んでいられなかったが、自分もかつて編集者だったので「なんでもやります」というライターってわりと使いにくいことは分かっている。「私はこれが得意です、詳しいです」とアピールして「○○ならあの人」と覚えてもらうほうが、仕事は入って来やすい。フードライターと記した名刺を作って、日本の郷土料理やローカルフードに興味があることをアピールするようにしていったが、そううまく行くはずもない。出版不況もどんどん悪い方向に進んでいく。

目をかけてくれる編集さんが現れたと思ったら、異動になったり結婚で辞めてしまわれたり。連載を持てたと思ったら雑誌自体が潰れる。しかも半年のうちに自分の関わっている3媒体が休刊になったこともあった。さすがにこのときは「私は持ってないんだな」と痛感し、業界から拒否されているとすら感じて転職を考える。

30代半ばの頃、中規模の外食産業と食材販売業を受けたが、どちらも不採用。片方の会社からは「若い人のほうがいいから、あまり期待しないでね」と面接中に言われ、もう一方は1次で落ちた。自分の社会的な価値をはっきりと突きつけられたような気がした。悪いことは重なるもので、落ちたことが分かった日に交差点で信号待ちをしていたら、ゆっくりバックしてきた車にぶつかって体が少し飛んだ。こんなゆっくりな速度でも人間飛ばされるものなのかと驚きながら倒れていたら、真っ青な顔した若い運転手が「大丈夫ですか」と駆け寄ってくる。体のほうは大丈夫そうだったけれど、人生が大丈夫じゃないんだよね……と愚痴りたくなったが、この人に言っても仕方ない。

幸い怪我もなかったのでそのまま別れた。

細々と入ってくるライター仕事とバイト生活を続けるうち、あっという間に30代も後半。いよいよ経済的にも困窮してくる。普通はここでもっと死にものぐるいで転職活動に励んだりするのだろうが、なぜか私はヤケクソみたいな気持ちになって、まず携帯を捨てた。スマートフォンは月々の支払いも購入金額的にも私のいまの経済ではまかなえない。携帯で急な仕事を頼んでくる編集者とのつきあいを断ちたい気持ちも強かった。

仕事をいただけるのはありがたいけれど、急ぎの仕事というのは「書いてくれれば誰でもいい仕事」がほとんど。私が増やすべきは「白央さんじゃないと書けない仕事」じゃなきゃいけない。そうじゃないと、何も変わらない。急場の仕事をこなすことで得られるスキルや知識も多くあったけれど、このポジションが定着してしまいそうで怖かった。それに持っていてもヒマつぶしに使うばかり。酔っぱらって友人知人に意味もなく電話をかけまくってしまうこともあり、翌朝は毎度強烈な自己嫌悪に襲われた。無理して払ってるのに、何やってるんだろう……。豚に真珠、白央篤司にスマホと思えてならない。身分不相応。そう思って、解約した。「携帯持ってない？　そんなライター使えないよ。もう仕事はお願い出来ない」と言われるだろうが、それで上等だみたいな気分が高まっていく。うちにあるのは、古びた机とファックス付きの古い電話、そしてノートパソコンだけ。でも、それでいい。最後の出直しみたいな気分になっていた。

30代の終わり頃から「料理を作って、SNSに上げる」ことを積極的にするようになっていく。ツイッターが盛り上がって社会的存在感が増している頃に重なったのは、私の30代における数少ない幸運で、次第に見てくれる人が増えていった。ツイッターには恩がある。いまの自分はツイッターがなかったら絶対に無い。一番大きな学びは「自分の宣伝は自分でやるしかない」ということ。直木賞作家も大ヒット作のある漫画家も自分の宣伝をちゃんと行っている。それは新鮮な驚きだった。彼らだって自分で宣伝しているのに、売れないライターがやらなくてどうする。見てもらえなくて当たり前、そう思ったら気もラクだ。それまで私は自分で自分の宣伝をするのって気恥ずかしくて避けていたのだが、今後は自分が作った記事や出版物をしっかり宣伝出来る人にならないと、起用されていかないだろうなという読みもあった。

SNSにあまたいる宣伝上手から文言の発信の仕方、写真でどう見せるか、頻度やタイミングといったことをずいぶんと学んだ。出張先で知ったこんな料理がおいしかった、最近こんなお手軽料理をひらめいて作ってみた、といった発信は特に多くの反響をいただけ、仕事に繋がっていく。

2015年に理論社から出た私の最初の本、『にっぽんのおにぎり』はツイッターで繋がったライターの先輩が版元に私を推してくださって実現した本だった。この本を出してから、仕事が少しずつ次の仕事に繋がるようになる。SNSやブログでの私の発信を見つけて依頼してくれた編集者たちは、携帯を持っている・持っていないで依頼を取り下げてくることはなかった。

30代の終わり頃、つまり携帯を捨てた頃、意識して行ったことがもうひとつある。それは、人間関係の整理だった。整理という言葉を人間に使うのは抵抗があるかもしれない。だけとやっぱり、あれは整理だった。

学生時代は人間関係を築くことが本当に下手で、人間的にも未熟過ぎて、友人というものがほとんどいなかった。たまに出来ても長続きさせられない。親はそんな私を心配して「友達って大事なんだよ、もっといろんな人と付き合ってみたら」と折々でアドバイスしてくるが、それがまた重い。次第に「友達が多い人」「人気者」「交友関係の広い人」に強く憧れるようにもなる。「友達が多い人」「人気者」と見られたかった。そうなれない自分を欠落した人間だとみなすようにもなった。憧れというのは厄介なもので、一度憧れを持ってしまうと実際に状況を改善出来たとしても、なかなかそれを自分では認められない。根深いコンプレックスから「こんなレベルじゃまだ全然……」と自分を否定してしまう。

いま思い返すと、私は社会に出てわりと交友関係が広がっていくのだが、友達が増えたという実感は持てずにいた。「友達」という存在への思い入れが強すぎたし、結局私は交友関係をアクセサリーのように考えていたのだ。そんな浅い人間に良質な友人など増えるわけもない。愚かだった。

39歳のとき、取材からの帰宅途中でばったり友人と出会った。長いこと会ってなかったその人は開口一番「篤司、老けたねえ……!」と眉間にしわを寄せた表情で私に言う。出会い頭にいやなことを言うなとムッとしつつ、世間話をして別れる。以前から、こういう余計なことを言う人だったな。引きずられるように以前に言われたいやな言葉がよみがえってくる。そんなことをしっかり覚えている自分もちょっといやになった。

「さっきはどうも。久しぶりに飲もうよ」

夜中にメールが来る。いままでは「まあ、いいところもあるから」で流してつきあってきたけれど、会えばまた端々でいやな物言いをするのだろう。私は本当にこの人と仲良くしたいのだろうか。自分の時間を割いてまで会うべき人なのだろうか。そもそも友人に「会うべき人か？」とか考えてしまうのってどうなのだろう……。

こんなことに逡巡《しゅんじゅん》する時点で、私はその人を対等に見ていないことに気づく。「いいところもあるから、つきあってあげている」的な目線を向こうも感じているのかもしれない。いやな物言いは私が引き出しているかもしれないのだ。そう、相手は自分を映す鏡。ぐるぐると考えるうち、自分のことがどんどんきらいになっていく。

40近くにもなって、なんと自分は小さい人間だろう。

ここで一般的には悔い改めて、いい関係を築いていけるよう一念発起し、人間性の向上につとめるべきなのだろうが、私は「友達も、いらん」という方向に思い至ってしまう。39歳のとき、本当に強くそう思った。もともと友達など出来るタイプじゃないのだ。無理したってしょうがない。

私の運から友人運というものは抹消していい。人づきあいということが根本的に面倒くさくなって、つらくなっていた。人づきあいの労苦は仕事に関することだけに絞ろうと39歳のときに決意した。前向きなようで思いっきり後ろ向きだが、心の中に長年巣食ってきた「友達のいない奴はダメな奴、白央篤司お前のこと」みたいな声のリフレインからただもう逃れたかったのだ。携帯もいらない。友達もいらない。30代で決意したふたつのこと。社会的常識が欠落しまくりで、ものすごく「かわいそうな人」という感じだが、そう決めてから私はものすごくラクになれたのだった。

人間関係を一切遮断したわけではなく、こちらからアクションを起こすのをやめた。誘わない。飲み会も企画しない。誘われてちょっとでも気が進まなければ、行かない。知らない人が多く集まるところがそもそも苦手だったのに無理して行っていたのを、一切やめた。「なんで来ないの?」と聞かれたら正直に「どうにも最近大勢で飲むのがつらくなった」「知らない人と会うのがしんどい」と返答し、「平気だよ」「いいじゃん、おいでよ」という人には返事をしなかった。自分の中のわずかな元気とお金は、仕事関係のためだけに使っていく。私はそれでいいのだ。そうでしか生きられない。

「自分の中の哀」というテーマを投げられたとき、私は携帯代も払えず、車に小さくはねられたあの日の自分と、「友達」とは何かすら考えないまま闇雲に友達を求めていた30代の自分が思い出されてならないのだった。荒涼としてはいたけれど、そんな日々を過ごして得たいくつかのことはいまを生きる私のエネルギーにもなっている。

50代の歩み方

いなり煮に教わる

とどのつまり問題は、執着と無頓着のバランスになってくるんだろう。ここをいかにバランスよく保っていくか、が今後のテーマに思えてくる。

加齢に伴って、自分に関して「どうでもいいと思えること」が増えていく。自分に関して無頓着になっていくとも言えるが、これがわりと「年をとるのも悪くないな」と思えてしまうのだ。

私はとにかく、昔から老けて見られてきた。

小学6年生のとき、母と一緒に映画館に行ったら「学生証見せて」と受付の人に言われ、学生証が分からない私はぽかんとしてしまったことを覚えている。高校2年生のとき、アメリカ人に「いくつだ」と聞かれたことがあった。あちらの国で日本人は総じて若く見られると聞く。「人生で初めて年下に見られるかもしれない……！」と軽く興奮し、期待を込めて「いくつに見えますか」と聞いたらしばらくあって「ニジュウ……ロクサイグライ？」と言われてがっかりした。ナンダトコノヤロウ。私の老け顔はそんなにワールドワイドなのか。十代のうちからこんなことがしょっちゅうで、やっぱり若い頃は周囲に老け顔をいじられるとちょっと悲しかった。人生で一番若い頃に若いと見られないのはなんだか損をしているように思えたのだが、自意識も強かったなと思う。

そう、自意識というのは面倒なものだった。学生時代など、なぜあんなに寝ぐせひとつぐらいが気になったのだろう。いかにもホルモンの分泌が盛んな時代という感じで、若い。必死で寝ぐせを直し髪型をととのえてから登校しようとする私を母は「誰もそんな見ちゃいないから」とよく笑っていたが、まったくもってそのとおりだ。でもあれこそが本義の「こだわり」なんだろう。若いときは、大問題だったのだ。

しかし気がついてみれば、寝ぐせはおろか老け顔だのなんだのがすべてどうでもよくなっている。他者からこう見られたい、こうは見られたくないという気持ちがグンと減って、とてもラクなのだ。快適だ。過剰だった自意識が減ってほどよくなるというのは、実に生きやすい。減るということもまたひとつの豊かさなのではないだろうか。

しかし同時に、無頓着すぎてもいけないんだよなとブレーキもかかる。身なりに無頓着で「どうでもいいい」が表を歩いているような中高年というのも、つらい。身だしなみというのは他者を不快にさせないためにも必要だが、自分を大切にすることでもあると思っている。

知らない間に友人が撮った自分の写真を見て、体型の崩れっぷりに衝撃を受けてからというもの、「これ以上は太りたくないな」というラインが自分の中にあることを知れたのはよかった（62ページ参照）。こういう執着は残しておきたい。

執着といえば、以前にお豆腐屋さんを訪ねたときのこと。きょうは木綿にするか絹にするか……なんて考えながらショーケースの前にいたら、隣からスッと手が伸びた。ふと見ればうちの母ぐらいの年齢の方が、いなり用の油揚げを手に取っている。

瞬間的に「えらいなあ……」と思ってしまう。いなり寿司というのは作ってみるとわりに面倒で手間のかかるもの。私も大好物だが、おっくうでなかなか家では作らない。思わず「おいなりさんですか」と声をかけてしまった。

「これ？　ううん、ひき肉や野菜をね、中に詰めて煮るのが好きなのよ。久しぶりに食べたくなっちゃってね」

「わ、おいしそうですね」

「おいしいのよー、いなり煮。ひき肉は鶏でね、いいお出汁にもなるし。玉ねぎ、にんじん、ごぼうなんかを細かく刻んで混ぜるの」

「ああ、いいですねえ。うちも今晩それにしようかな」

「そう、やってみて！　こんにゃくも刻んで入れるとおいしいわよ。詰めたら上を楊枝で止めてから煮ればいいから」

はきはきと喋る、明るい人だった。ありがとうございます、とお礼を述べて別れる。買いものカゴにいなり用の油揚げも入れてレジに向かった。

玉ねぎ、にんじん、ごぼうを細かく刻み、下ゆでして臭みを取ったこんにゃく少々も細かく刻む。きくらげも入れたくなり、戻して刻む。鶏ひき肉に塩少々を加えて軽くこねて、刻んだ野菜類を加え、片栗粉も入れて全体を混ぜ、酒を加えながらなめらかにして、肉あんは出来あがり。

いなり用の油揚げにやさしく詰め、楊枝で上を止めて適当な大きさの鍋にすき間が出来ないように詰め、好みの出汁（私はこのとき、干し椎茸と昆布の出汁を使用）、酒、みりん、薄口醤油を加え、一度沸かしてから中火にして10分ぐらい煮て、火を止めて15分ほどおいてなじませたら、いなり煮の完成だ。

うん……ああ、しみじみとうまい。うまいなあ。手をかけたおいしさだ。最近、あまり自分のために手をかけた料理を作っていなかったな。

「久しぶりに食べたくなっちゃってね」という声が心によみがえる。

豆腐店で会ったあの人は、多分ではあるが70代の後半ぐらいに思えた。その年代に自分がなったとき、こういうものを作って食べようと思っているだろうか。「食べたい」という気持ちに従って買いものに出て、作って、暮らしているあの人がなんだかまぶしく思えた。そう、背筋が伸びる思いになる。見習いたい。私もいつまでも、食べたいと思ったものを作る人であり続けたい。加齢と共に面倒なこと、おっくうなことは確実に増えていくだろうけれど、「そのとき食べたいものを作って、食べる」反射神経は鈍らせたくない。同時に新しいもの、知らないものを試しに食べてみる好奇心や、思いついたレシピを作ってみる行動力も大事にしていかなければ。私が執着していくべきところが見えた思いになる。

残していくべき執着心と、無頓着でも構わない気楽な部分をバランスよく仕分けながら、50代を歩んでいきたい。自分は何を大事にしていくのか、49歳というタイミングで考えることが出来て、よかった。


「あちこち痛くてねえ」「カルビどころか銀だら焼いたのでも最近はもたれるよ」なんて言ってる先輩方も加齢なる愚痴をこぼしているばかりじゃない。50歳前後から学び直しで大学に行かれたり、習いごとを始めたりする人が多くて、刺激を受けている。楽器や語学、書道に裁縫など習われるものも様々だが、「小さい頃からの夢だった」という人あり、昔やっていたものを再開する人もあり、社会活動に参加し始めた人もいる。

平均寿命を考えたらまだまだ先は長いけれど、体力や経済力を考えると何かをイチから始める、参加するのはラストチャンスと、追われるような思いから発起された方が多かった。人生の有限を意識し始める年代なのだと、あらためて思う。ある方が言われた「自分が元気で、親が元気なうちじゃないと出来ないから」という言葉も深く響く。

私も学び直しの必要性を強く感じている。独学で続けてきた俳句をもっとしっかり勉強したい、句会にも参加してみたい……と数年来思っているけれど、団体行動の苦手意識から実行に移せないままだ。いかんなあ。

鈴木真砂女《まさじょ》という俳人の句でとても好きなものがある。

来てみれば花野の果ては海なりし

96歳まで生きた真砂女の晩年の句。老いの中にあって花野を思い、その先に海が見えるような境地に立ったひとりの人間の雄大で悠然たる人生が十七文字から伝わってきて、何度思い出しても感銘を受ける。この先、「いままでのようにいかない」ことは間違いなく多発していく。胃もたれの日もあり、箸の進まない日もあり、加齢による体調変化に惑わされる日は増えていくはず。そんなとき、いまの自分に必要な微調整はなんだろうか、適したメンテナンスはなんだろうかと考えて、うまいこと自分の心と体をなだめていきたい。

いろいろあったけれど、私は花野を歩んだとそのとき思えるように。

あとがき

加齢に関して出版物にするなら、「抗う」「はね返す」「寄せつけない」的なワードがきらめくポジティブな感じのものが一般的にウケやすく、好まれるのだろう。「奇跡の○歳！　△□さんが日々続けていること」みたいな本、実家のどこかにないだろうか。私の職業でいうなら「取材歴20年のフードライターが実践する栄養バツグン&お手軽美味食事法で加齢知らずに」みたいなテーマが本来は求められ、「売れる」企画だと思う。しかし私はその手の企画を目にするたび、なんだか元気を吸い取られるような気になるのだ。制作側が「だって人間いつまでも若々しく、おいしく毎日を過ごせたほうがいいに決まってるでしょう」と仕掛けてくる感じに疲れてしまうから。「若々しく・健康的でおいしく」を目指すあまり無理して疲れているような人、少なくないように私は感じている。「おいしい」の形も「健康的」の形も「加齢とのスタンス」様々であり、人それぞれでいい。

「おいしい」の形が中高年に入って徐々に変質し、味以外にも大事にしたいポイントが増えてきたことをもっと面白がりたかった。年上の人達が言ってたこと全部ホントじゃんと、誰かと笑い合いたかった。笑ってるけど動揺もしてる。加齢からくる不安をもっと軽い感じで共有し合えたらいいのにね、みたいな気持ちで書き始めた本である。抗うとかはね返すという方向に考えがいかない私みたいなタイプの人のために、「下り方上手になろう」なんて提案する本があってもいいいんじゃないのかなと、きょうもスクワットしながら考えた。このスクワットは年齢の坂を下るために必要な筋肉づくりのため。連続で60回まで出来るようになった。お灸にはその後すっかりハマり、鍼灸師さんのところへも行くようになっている。眼精疲労と首のコリがかなり解消されてちょっと感動、ただ鍼灸師さんいわく「白央さんはお灸や鍼との相性がいいんでしょうね」とのこと。合う・合わないはなんでもある。

ちょうど本書の著者校正をしている日が自民党総裁選の日だった。立候補された面々が投票前、ゲンかつぎでカツカレーやとんかつ、カツサンドを食べているニュースが流れる。私よりはるか年上の方々も多い中、胃袋の出来の違いを見せつけられた思いになった。あの世界で生き抜いていくには政治力やらの他、きっと消化力も必要なんだろう。だが実際のところはどうなんだろうか。「本当は胃もたれなど、してないものですか?」なんてインタビューをしてみたくもなった。最後になるけれども、太田出版の金子昴さんに心からの感謝を。あなたのオファーと伴走あればこそ書き下ろすことが出来ました。丹下京子さんに表紙絵やイラストを描いていただくのは夢だったので、感無量としか言いようがありません。そして素敵なデザインをしてくださった戸塚泰雄さんにも深くお礼申し上げます。

ここまでお読みくださった皆様、本当にありがとうございました。

２０２４年９月　白央篤司

初出一覧

グジュとたま子のこと　『読売新聞』２０１９年8月5日、8月19日、8月26日号に掲載されたものを大幅に加筆して1コラムに構成

台所の思い出話①②　ＮＨＫテキスト趣味どきっ！『人と暮らしと、台所〜冬』（ＮＨＫ出版）に大幅加筆

台所の思い出話③　三菱地所グループ会報誌『Residence Club MAGAZINE』vol.20

その他、すべて書き下ろし

白央篤司（はくおうあつし）
フードライター、コラムニスト。1975年生まれ、早稲田大学第一文学部卒業。出版社勤務を経てフリーに。日本の郷土料理やローカルフード、現代人のための手軽な食生活の調え方と楽しみ方、より気楽な調理アプローチを主軸に企画・執筆する。メインテーマは「暮らしと食」。著書に『にっぽんのおにぎり』（理論社）、『ジャパめし。』（集英社）、『自炊力』（光文社新書）、『台所をひらく　料理の「こうあるべき」から自分をほどくヒント集』（大和書房）、『名前のない鍋、きょうの鍋』（光文社）など。

はじめての胃もたれ　食とココロの更新記

二〇二四年一一月二日　初版発行

著　　者　白央篤司
発 行 者　森山裕之
発 行 所　株式会社太田出版
〒一六〇-八五七一
東京都新宿区愛住町二二
第三山田ビル四階
TEL　〇三-三三五九-六二六二
FAX　〇三-三三五九-〇〇四〇
ohtabooks.com

印刷・製本　株式会社シナノ

ISBN 978-4-7783-1979-3 C0095